HEYNE ‹

W0089495

Der Autor

Kurt Tepperwein, geboren 1932 in Lobenstein, war erfolgreicher Unternehmer, ehe er sich 1973 aus dem Wirtschaftsleben zurückzog. Er wurde Heilpraktiker und Forscher auf dem Gebiet der wahren Ursachen von Krankheit und Leid. Er lehrte an verschiedenen internationalen Institutionen, seit 1997 ist er Dozent an der *Internationalen Akademie der Wissenschaften* in Vaduz. Er gilt als einer der bekanntesten Lebenslehrer Europas. Kurt Tepperwein ist Autor von mehr als fünfzig Büchern, Audiotapes und CDs. Wenn er sich nicht auf Vortragsreise befindet, lebt der Autor auf Teneriffa.

KURT TEPPERWEIN

Die
ZUKUNFT
beginnt
JETZT

Das Praxisprogramm
für ein erfolgreiches und
erfülltes Leben

WILHELM HEYNE VERLAG
MÜNCHEN

Verlagsgruppe Random House FSC-DEU-0100
Das für dieses Buch verwendete
FSC®-zertifizierte Papier *Holmen Book Cream*
liefert Holmen Paper, Hallstavik, Schweden.

Originalausgabe 03/2013

Copyright © 2013 by Wilhelm Heyne Verlag, München,
in der Verlagsgruppe Random House GmbH
Printed in Germany 2013
Umschlaggestaltung: Guter Punkt, München
Umschlagmotiv: © balein/shutterstock
Herstellung: Helga Schörnig
Satz: C. Schaber Datentechnik, Wels
Druck und Bindung: GGP Media GmbH, Pößneck

ISBN 978-3-453-70216-5

http://www.heyne.de

Inhalt

Vorwort: Mittendrin 9

TEIL 1
Zukunftskompetenz als Weg zu innerer und äußerer Harmonie 15

Die sieben kosmischen Gesetze 22

Das fundamentale »Gesetz der Anziehung und Abstoßung« 39

Die wertvollen Botschaften des Lebens erkennen 45

Das »Gesetz des Wohlstands« als Zukunftskompetenz 50

Mit Leichtigkeit in die Zukunft gehen 57

Alles nur Spiegelungen unseres Soseins 62

Das Paradies liegt in uns 68

Was oder wer sind wir überhaupt? Eine gute Frage! 77

Erkennen Sie Ihre Lebensabsichten
und Ihren Lebensinhalt 85

TEIL 2

Praxisorientierte Zukunftskompetenz 93

»Schöpferische Imagination«
bedeutet Schöpfer zu sein 95
Erschaffen Sie Ihr Leben

Über die Erinnerung zur
Wahrnehmung kommen 101
Eine kleine Erinnerung

Finden Sie Ihr »wahres Gesicht« 104
Zur Selbsterkenntnis

Nehmen Sie Ihr Leben selbst in die Hand 106
Eine kleine Hilfestellung

Das Leben als »Entdeckungsreise
zu sich SELBST« 112
16 Grundsätze auf dem Weg zur Erkenntnis

Wie Ihr Leben »märchenhaft« wird 114
Wohlstandsessenzen

Liebe als befreiender Weg 117
Die Liebe entdecken und entfalten

»Erfinden« Sie sich einfach neu 121
Und noch ein paar Wegweiser

Die »energetische Signatur« optimieren 126
Erwünschte Ereignisse anziehen

Achtsamkeit als notwendiges Bedürfnis leben 130
Der Schlüssel ins Jetzt

Ihrer wahren Berufung auf der Spur 133
Auf-GABEN erkennen

Sie haben ein Problem?
Was genau meinen Sie damit? 137
Situationen durchschauen

TEIL 3

Zukunftskompetenz, die zu Erfüllung, Harmonie und Wohlstand führt

(Der geistige Weg über das Ego) 143

Das Ego: unser Helfer und Freund 145

Das TAO als kompetenter Zukunftsweg 150

Bewusstsein als einzige Realität 156

Sich als Bewusstsein erfahren 161

Nachwort: Die Zukunft ist jetzt 169

Vorwort: Mittendrin

Die Welt ist im Umbruch, und wir alle stehen vor großen Herausforderungen, die vor allem durch ein nicht erwachtes Bewusstsein entstanden sind. Diese Herausforderungen können mit dem Verstand allein nicht gelöst werden. Der Verstand ist ein notwendiges Werkzeug, doch an der Führungsposition ist er korrupt. Warum ist die Welt wohl so, wie sie ist? Sie wird ausschließlich von verstandesorientierten, berechnenden und machtorientierten Menschen und Institutionen gelenkt. Damit die Welt nicht noch mehr aus dem Gleichgewicht geraten kann, braucht es Herzensentscheidungen. Diese sind nicht für oder gegen etwas, denn dieses Denken gibt es nur in der Dualität. Polaritäten wie »gut« und »schlecht« haben durchaus ihre Berechtigung und ihren Platz, denn sie sind von dieser Welt. Herzensentscheidungen dagegen werden zwar über diese Welt gefiltert und empfangen, entstehen aber woanders. Nur das, was aus der inneren Quelle fließt, kann Harmonie erzeugen. Alles andere sind Kompromisse, Not- und Übergangslösungen. Es ist daher unverzichtbar, dass wir den Verstand überschreiten und »zu Bewusstsein kommen«. Nur so können wir die Aufgaben der Zukunft, die längst begonnen hat, meistern. Das scheinbar »Schlechte« braucht nicht verbannt zu werden, sondern wir sollten die Aufmerksamkeit auf das, »was sein soll«, lenken. Richten wir sie auf das, was wir nicht haben wollen, dann nähren wir genau dieses Nichterwünschte mit Energie und leisten gleichzeitig einen Widerstand. Dieser Widerstand ist ein Widerstand gegen uns selbst, weil alles eins ist und wir nicht wirklich voneinander getrennt sind. Wir mögen zwar alle anders aussehen und verschiedene Körper haben, doch in unserer wahren Identität sind wir eins. Der Verstand trennt, das Herz vereint.

Wir können uns über die anderen ärgern, doch das ändert nichts an der Situation, dass sich wirklich etwas erst dann verändert, wenn jedes Lebewesen zu sich erwacht ist. Wir können also immer nur in uns selbst Zukunftskompetenz entdecken und entfalten, um mehr Bewusstsein zu erlangen und es anderen vorzuleben. Dieses bewusste und verantwortungsvolle Leben, mit Respekt vor allem Leben, ist ansteckend. Wir sollten so sein, dass wir alles und jeden anstecken, in den Bann ziehen und dafür begeistern, ebenfalls den Weg nach innen zu gehen. Wer dies zu seinem einzigen Ziel macht, steckt wiederum andere an. Und was gibt es Schöneres oder Befreienderes, als unser ganzes Umfeld zu erwecken? Wir haben lange genug geschlafen. Es ist an der Zeit, wach zu sein.

Das Leben erwartet von uns einen »Quantensprung im Bewusstsein« und das Hervortreten des wahren Menschen, der in uns seit ewigen Zeiten darauf wartet, das Leben als neuer Mensch wirklich zu meistern. Dazu brauchen wir keine besonderen Voraussetzungen, wir müssen auch nirgendwohin, denn alles, was wir dafür brauchen, liegt in uns. Wir müssen nur »hervortreten« und unserem wahren Wesen gestatten, unser Leben zu bestimmen. Lassen Sie uns also miteinander hinschauen und erkennen, was zu tun ist, und es auch sofort tun. Es geht nicht mehr darum, mehr zu wissen, sondern das als richtig Erkannte auch wirklich umzusetzen und zu leben. Dabei sollten wir vom Gegeneinander zum wahren Miteinander kommen, denn die Aufgaben lassen sich nur gemeinsam meistern.

Das Zeitalter des *Ego* ist zu Ende. Wir sind die Menschen der Zukunft, und es ist ein Geschenk, gerade in dieser interessanten und spannenden Zeit leben zu dürfen. Stellen wir uns doch der Wahrheit. Sie ist nicht erschütternd und auch nicht angstschürend, sie ist befreiend und in ihr steckt eine große Chance. Diese Wahrheit bezeugt unseren tiefen Schlaf, den wir alle träumen, und jeder erlebt seinen Traum anders. Die Erkenntnis allein, dass wir nicht wach sind und uns in einem Dämmerzustand befinden, ist wertlos. Es braucht kein Wissen, sondern ein verinnerlichtes Aha, das uns diese Wahrheit nicht nur bezeugt, sondern uns dazu animiert, an unserer Wachheit zu feilen. Was nutzt uns das Wissen um unseren Schlaf, wenn wir uns weiterhin in diesem Zustand hin und her wälzen und es versäumen, uns der Wachheit zuzuwenden. Allzu gerne verfallen wir unseren Träumen und Fantastereien, die zwar ganz nett sein können, doch weder zweckmäßig noch sinnvoll sind. Nicht nur nachts, sondern auch tagsüber träumen wir mit offenen Augen und erleben dies als Realität. Wir träumen den

Traum vom Leben, und der hat mit Realität nicht viel zu tun. Allein dies zu erkennen und zu verinnerlichen, ist ein wichtiger Schritt. Wenn wir uns einbilden, wach zu sein, werden wir uns nicht um das Aufwachen bemühen.

Das ganze Leben ist eine Entdeckungsreise in das eigene Bewusstsein. Das Bewusstsein ist auf der Suche nach sich selbst, und da es sich selbst nicht suchen kann, benutzt es einen Körper mit Verstand, der dazu befähigt ist. Das Werkzeug Mensch bekommt den Irrtum einer eigenen Existenz übergestülpt und dann beginnt die Suche. Auch dem Weg dieser Suche ist jeder Schritt das Ziel, und sobald das Werkzeug erkennt, dass es keine eigene Identität besitzt und in Wirklichkeit etwas ganz anderes ist, beginnt es interessant zu werden: Erst dann beginnt die eigentliche Reise und alles andere ist nur eine Vorbereitung dafür. Und auch die eigentliche Reise ist eine Vorbereitung, nämlich auf das eigentliche Wesen. *Das eigentliche Wesen erkennt, dass es immer nur sich selbst gesucht hat und es nie etwas zu finden gab.* Dabei erkennen wir, dass der weitaus größere Teil des Universums in *uns* liegt. Das Außen ist nur ein Spiegelbild unseres kollektiven Bewusstseins und so kann eine Änderung auch nur im Innen erfolgen. Wir sind unser eigener Erlöser, und wenn wir unser wahres Sein nicht erforschen, wird es unentdeckt bleiben.

Die Zeiten, die vor uns liegen, sind weder gut noch schlecht. Sie sind, wie sie sind, und deshalb eine große Herausforderung, das Leben und alles, was ist, zu wandeln. Es ist die großartige Chance zum Besseren. Aber eine Chance nützt nur etwas, wenn man sie erkennt und ergreift. Es wird Zeit, dass wir uns die Welt erschaffen, in der wir in Zukunft leben möchten, damit das eigentliche Leben endlich beginnen kann. Jeder ahnt tief innen, dass es ein Leben geben könnte, das weit über dem liegt, was wir derzeit erleben. Dieses Leben wartet darauf, endlich »in Erscheinung« zu treten. Lassen wir es nicht länger warten, denn der beste Zeitpunkt, einen entscheidenden Schritt zu tun, ist immer *jetzt!*

Ich freue mich auf die Zeit, die vor uns liegt, und auf unser Miteinander. Lassen Sie uns miteinander in das Abenteuer des wahren Lebens eintreten. Nicht irgendwann, sondern jetzt! Der größte Teil des Lebens liegt als Zukunft ungeformt vor uns und wartet nur darauf, dass wir ihn bewusst gestalten. Da wir das scheinbar vergessen oder verlernt haben, habe ich für Sie dieses Buch geschrieben. Zukunftskompetenz sollte eigentlich ein Schulfach sein, weil wir alle vor der großen Aufgabe stehen, das Leben zu meistern. Dabei sollten wir uns entscheiden, ob wir weiterhin voller Schmerz und Leid aus dem oberflächlichen Ego heraus leben und bestimmen wollen oder uns uns selbst zuwenden. Das sind zwei komplett verschiedene Wege. Wenn wir nur unsere Bedürfnisse befriedigen wollen, dann sind wir hier fehl am Platz. Das haben wir seit jeher getan, und diese Zeit fordert uns eindringlich dazu auf, uns dem eigentlichen Ziel des Lebens zuzuwenden. Die materielle Trallala-Zeit ist vorbei, jetzt sind die geistigen Aspekte dazu aufgerufen, sich im Leben vollends zu entfalten.

Die Zielgruppe dieses faszinierenden Themas ist riesengroß, denn Zukunftskompetenz betrifft jeden. Jeder, der lebt, steht vor der Aufgabe, sein Leben wirklich zu »meistern«. Wir können vom Leben alles haben, wenn wir ganz bewusst die richtigen Ursachen setzen, aber eben nur dann. Die meisten Menschen leben einfach nur so »vor sich hin«, weil sie sich nie wirklich um die »Kunst zu leben« gekümmert haben. Sie wundern sich aber, dass das Leben so chaotisch verläuft und sinnlos erscheint. Das Leben ist wunderbar, und zwar in jedem Augenblick. Das Leben liefert immer nur das, was »bestellt« wurde. *Jedes Wort, jede Tat, jeder Gedanke und jedes Gefühl sind eine Bestellung. Wann werden wir uns dessen bewusst?*

TEIL 1

Zukunftskompetenz als Weg zu innerer und äußerer Harmonie

Machen wir uns bewusst, dass Zukunft nicht einfach »geschieht«, sie wird verursacht, bevor sie eintreten kann. Dafür gibt es keine Schuldigen, weder das Leben noch eine Situation kann für chaotische und schmerzhafte Umstände verantwortlich gemacht werden. Da das Außen nur die Spiegelung unserer Gedanken ist, wie kann dann eine Spiegelung, eine Vorstellung oder Idee für etwas verantwortlich sein? Es ist an der Zeit, der Wahrheit ins Gesicht zu sehen und zu erkennen, was diese Welt da draußen in Wirklichkeit ist. Sie ist nicht das, wofür wir sie halten, sie existiert nur in unseren Köpfen und Interpretationen, denn so etwas wie eine »gemeinsame Welt« gibt es nicht. Jeder interpretiert seine ganz eigene Welt anders, und jeder sieht die Dinge so, wie er sie sieht. Die Welt, unsere Welt, wie wir sie wahrnehmen und sehen, ist also ein Produkt unserer Gedankenflut, Erinnerungen, Vorstellungen und Vergleiche. Wer außer uns selbst soll also dafür verantwortlich sein? Inmitten der Veränderungen schafft sich jeder seine ganz eigene Welt. *Aktiv, durch das bewusste Setzen von Ursachen und passiv, durch das individuelle »Sosein«.* Was auch immer wir durch unser Dasein kreieren und formen: Vergessen wir nie, dass alles, was geschieht, immer eine »Chance zum Besseren« ist. Nutzen wir sie, können wir für uns eine Zukunftskompetenz entwickeln, die die Zukunft harmonischer gestaltet und uns viele Unannehmlichkeiten und Erfahrungen ersparen wird.

Wir leben im Zeitalter einer Transformation in ein ganz neues Bewusstsein, und es wird Zeit, dass jeder als »neuer Mensch« in ein »neues Leben« tritt. Es ist der Weg vom materiellen zum kosmischen Menschen, vom verstandesgelenkten zum gefühlsorientierten Wesen. Entscheidend ist immer nur als wer bzw. was Sie leben, als Persönlichkeit und individueller Körper oder als Bewusstsein und unbegrenztes Dasein. Es ist das Ende unserer Selbstvergessenheit und der Beginn des eigentlichen Lebens. Alles bis heute war nur Vorbereitung auf das *Jetzt*. Die Vollkommenheit unseres wahren Wesens wartet darauf, dass wir sie immer vollkommener zum Ausdruck bringen. Es ist die eigentliche Geburt des Menschen, denn der Mensch der Zukunft wird bewusst sein oder er wird nicht mehr sein. Das Leben macht gerade einen letzten Intelligenztest mit uns, entweder wir bestehen ihn oder wir verschwinden. Das Leben erwartet von uns einen »Quantensprung des Bewusstseins«. Das »Ego-Zeitalter« ist zu Ende. Sobald wir uns wieder daran »er-innern«, wer wir wirklich sind, haben wir die Prüfung bestanden und sind bereit für unser neues Leben. Das Ego mit seinen Problemen wird dann in weiter Ferne sein. Auch wenn das neue Zeitalter bereits begonnen hat, um eine neue Geschichte zu beginnen, bedarf es weiterhin unserer Anstrengungen, das alte zu beenden. Wir sollten dafür sorgen, dass unsere Zukunft eine Zukunft hat. Wer

Zukunftskompetenz entwickelt, wird das, was kommt, anders erleben als der, der sich weiterhin in materiellen Zwängen verstrickt. *Bewusstsein ist nicht irgendein Teil des Menschen, Bewusstsein ist das, was wir sind.* Es ist das, was dem Menschen überhaupt erst eine Existenz ermöglicht. Bewusstsein ist das Einzige, was wirklich existiert und von ewigem Bestand ist. Sobald wir uns aufrichtig dem eigentlichen Selbst und Höheren zuwenden, werden wir für das Niedere nicht mehr resonanzfähig sein. Es ist das Erwachen aus einem langen Traum, aus dem Traum, wach zu sein. Erwachen heißt, sich an die eigene Wirklichkeit zu erinnern.

Ich *bin* bewusstes, ewiges Sein und schaue mir hier nur einen Film an, der den Titel »Mein Leben« trägt. Um das bewusste Erleben der eigenen, natürlichen Vollkommenheit zu erfahren, setzt sich das Loslassen der »Illusion des Ich« voraus. Sobald wir alles Unvollkommene losgelassen haben, werden wir vollkommen sein. Auch das Suchen können wir hinter uns lassen, denn bei der Suche ist das Ego beteiligt. Das, was sucht, ist grobstofflich. Das, was gefunden werden soll, ist feinstofflich. Wie will Grobstoffliches Feinstoffliches finden? Wie wollen Sie mit einem Radio einen Film abspielen? Das eine ist dem anderen fremd. Das Feinstoffliche bringt das Grobstoffliche hervor, während Letzteres nur eine Spiegelung der feinstofflichen Ebene ist. Wie will eine Spiegelung real sein? Wie will der Schatten die Sonne finden?

Ein wichtiger Teil von Zukunftskompetenz ist die Art und Weise, wie wir Entscheidungen treffen. Wir treffen jeden Tag unzählige Entscheidungen. Machen wir uns einmal bewusst, wie dramatisch sich unser Leben verändern würde, wenn wir nur noch richtige Entscheidungen treffen würden. Das ist möglich, weil in *jedem* von uns ein »Zentrum innerer Weisheit« ist. Diese kennt die Antwort auf jede Frage, die Lösung für jede Aufgabe – antwortet aber nur, wenn wir es fragen. *Wir denken zu viel, urteilen zu schnell, anstatt wahrzunehmen, was ist.* Und wir richten unsere Aufmerksamkeit, unseren »Schicksalsauswahl-Empfänger«, nicht bewusst auf das, was sein soll. So laden wir die Umstände, die wir gar nicht haben wollen, dazu ein, ein Teil unseres Lebens zu werden. Dies wäre ganz leicht zu ändern, wenn wir unsere Aufmerksamkeit von dem abziehen, was uns den ganzen Tag gedanklich beschäftigt. Es belastet und ist mangelhaft. *Jeder* kann das, doch wir sollten es umsetzen, und zwar konsequent. Wenn wir uns gedanklich und emotional ständig mit dem beschäftigen, was wir Probleme und Schwierigkeiten nennen, erschaffen wir damit immer neue Schwierigkeiten und Probleme. Wollen Sie das? Indem Sie ab sofort die Richtung Ihrer Aufmerksamkeit ändern, verändert sich Ihr ganzes Leben. Wie lange brauchen Sie, um die Richtung Ihrer Aufmerksamkeit endlich umzulenken? Wenn Sie Ihre Aufmerksamkeit auf das Bewusstsein richten, beginnt es zu erwachen. Das Leben eines Menschen beginnt *nicht* bei seiner Geburt, sondern in dem Augenblick, wo er »zu Bewusstsein« kommt. Bewusstsein erwacht in der Bewegungslosigkeit und Gedankenstille. Sobald Sie bewusst wahrnehmen und aus dieser Wahrnehmung heraus agieren und sind, sind Sie im »Jetzt«. So sind Sie »bei Bewusstsein«. Sie treten in die natürliche Vollkommenheit Ihres wahren Wesens ein und sind wahrhaftig präsent. Irgendwann werden Sie sowieso wieder »bei Bewusstsein« sein und damit in der eigenen, natürlichen Vollkommenheit ruhen. Warum? Weil es niemanden gibt, dem diese Erfahrung verwehrt bleiben wird.

Zukunftskompetenz besteht aus vielen einzelnen Kriterien, die wir tagtäglich in unser Leben einfließen lassen können. Erst wenn wir das Wissen um die Gesetzmäßigkeiten des Universums verinnerlicht haben, wird es auch wertvoll sein. Der Grundbaustein für eine traumhafte Zukunft ist also, das Leben, die Erde, unser Hiersein und den ganzen Mechanismus unseres Daseins zu verstehen. *Erst wenn wir wissen, warum die Dinge so sind, wie sie sind, und wie sie wirklich sind, werden wie selbstverständlich Veränderungen geschehen.* Danach können wir unsere Zukunft kompetent gestalten und meistern, doch zuvor sollten wir uns den Gesetzmäßigkeiten widmen.

Die sieben kosmischen Gesetze

*»Es gibt sieben Prinzipien der Wahrheit! Derjenige,
der sie kennt mit vollem Verständnis, besitzt den
magischen Schlüssel, bei dessen Berührung alle Tore
des Tempels sich öffnen.«*

KYBALION

Die einfachsten und natürlichsten Gesetze der Welt sind
wohl die Energiegesetze des Universums (oder *die sieben
hermetischen Gesetze*, wie der große *»Hermes Trismegistos«*
sie nannte). Auch wenn sie fundamental und einfach sind,
stellen sie an den Leser doch einen sehr hohen Anspruch.
Keiner kann sie umgehen, denn sie wirken immer und
ewig. Wer sie lebt, wird sich im Einklang wiederfinden und
ein Dasein voller Fülle, Freude und Leichtigkeit erfahren.
Es gibt aber auch weitere unausgesprochene Gesetze, die
wir verfolgen sollten. Manche Menschen leben sie automatisch, aus dem Gefühl heraus, weil sie identisch und sehr
lebensnah sind. Oft tun sie Dinge aus dem Bauch heraus
und völlig spontan, ohne wirklich zu wissen, warum sie sie
getan haben. Es sind dies die Gesetze der Menschlichkeit

oder des Glaubens, der Freude oder der Dankbarkeit, um nur einige davon zu nennen. Die Gesetze zu lesen oder zu kennen, reicht nicht aus, sie sollten auch umgesetzt werden. Die meisten Menschen lesen Bücher, und wenn sie sie zur Seite gelegt haben, ändert sich nichts. Sie leben weiter wie zuvor. Nur gelebtes Wissen kann Früchte tragen, dies sollten Sie sich immer wieder bewusst machen und sein. Lassen auch Sie diese wunderbaren Gesetze in Ihr Leben einfließen, am besten beginnen Sie umgehend damit. Wer sie lebt, wird eine wundersame Wandlung erfahren. Und wenn dem so ist, worauf warten Sie dann noch?

Wir sind das, was wir denken. Was wir denken, strahlen wir aus, und was wir anziehen, bestimmt unser Leben. Dies ist, in wenigen Worten ausgedrückt, die Hermetische Philosophie. Wenn wir etwas verändern wollen, müssen wir den Dingen auf den Grund gehen. Es ist sinnlos, etwas in den Raum zu stellen, ohne den tieferen Sinn zu erkennen. Wenn wir keine Möglichkeit haben, um die Zusammenhänge zu verstehen, wird alles so bleiben, wie es ist. Das Leben verlangt von uns mehr Aufmerksamkeit. So einfach in den Tag hineinzuleben, reicht nicht aus, um ein glückliches und zufriedenes Leben zu erfahren. Es ist unsere Beurteilung von Situationen, die die jeweilige Reaktion bestimmt. Diese Beurteilung erzeugt eine entsprechende Schwingung, die auf uns zurückfällt. Besonders in alltäglichen Situationen können wir das ganz gut erkennen. Wann? Wenn wir viele unangenehme Dinge auf unsere Mitmenschen projizieren, die im Grunde nur unsere eigenen sind.

1. Das Prinzip der Geistigkeit

»Das All ist Geist, das Universum ist geistig.«

Die Quelle des Lebens ist unendlicher Schöpfergeist; dies bedeutet, dass alles Geist ist. Die Schöpfung, die rein geistig und mental ist, drückt sich durch ihre Vielfalt aus, durch die sie zwar wirkt, die sie aber nicht ist. Der Geist erschafft Materie, und Geist ist das Einzige, was existiert. Wir sind also nicht Menschen mit einer Seele, sondern eine Seele, die einen Körper nutzt. Wir leben in einer Hülle, durch die wir wirken, um uns selbst zu erfahren. Das irdische Leben vergeht, doch das, was das Leben hervorbringt, was wir in Wirklichkeit sind, ist ein unvergängliches Dasein. Auf Erden stellt es sich als Kreislauf dar, doch feinstofflich, rein geistig, ist es das einzige Existierende, das in sich ruht.

Der Geist kann nur das erschaffen, was er selbst ist. Der göttliche universelle Geist ist Licht, bedingungslose Liebe, die Allmacht selbst, die wir auch Bewusstsein nennen können. Alles Erschaffene ist lebendiger Geist und diese Materie obliegt einem ständigen Wandel. Dieser Wandel setzt sich durch geistiges Wachstum in Bewegung und je nach Entwicklung und Erkenntnis der Seele werden auch die Erfahrungen auf der materiellen Ebene sein. Es gibt also keine Zufälle, sondern nur durch sich selbst wirkende und erzeugende Erfahrungen, die uns schlussendlich zur Erkenntnis führen.

Alles geistig Erschaffene scheint einen freien Willen zu haben, um Entscheidungen treffen zu können. Das mag beim ersten Hinsehen so aussehen, doch wer lenkt diese Entscheidungen? *Kann ein materielles Wesen aus sich heraus eine Wahl treffen, wo es doch der Geist ist, der es lenkt?*

Der höher schwingende Geist verändert den niedrigschwingenden Geist und hebt ihn zu sich empor. Da er dadurch die Materie wandelt, verändert und formt, ist er die höchste und kraftvollste Macht der Schöpfung. Somit sind Licht und Liebe das eine Bewusstsein, das alles verändern kann und zur Vollkommenheit führt.

Auch Gedanken sind Schöpferkraft. Sie sind in der Lage, in jedem Augenblick etwas zu verändern. Sie formen das, was wir Realität nennen. Alles, was wir denken, stellt sich im Außen dar. Somit ist das, was wir sehen, immer nur ein Spiegel unseres Soseins. Wir erschaffen das, was wir »unser Leben« nennen durch unseren Geist, unsere Gedanken und Vorstellungen. Wenn wir die Augen schließen, ist es dann fort oder hier? Wenn wir also auf nichts unsere Aufmerksamkeit richten, hat alles keine Bedeutung mehr. Also bestimmen unsere Vorstellungen unser Dasein, denn Gedanken erschaffen die Welt. Wenn wir reiner Geist sind, ohne einen Körper zu nutzen, existiert die Welt eigentlich nicht. Wir machen die Welt zu dem, was wir sind, denn nur über unsere individuelle Wahrnehmung ist sie so, wie wir sie sehen. Wir können sie ja nur sehen, wie es unserer Vorstellung und unserem Bewusstsein entspricht. Für jeden ist die Welt anders, denn jeder erschafft seine ganz eigene Sichtweise und hat seine persönlichen Ideen, die das Leben formen.

Jeder Gedanke, jedes Wort und jede Handlung prägen unser Leben, dessen sollten wir uns vollumfänglich bewusst sein. In diesem Sinne ist auch ein Gedanke eine Tat, denn er setzt eine Ursache, die eine Wirkung nach sich ziehen wird. Gehen wir also achtsam damit um und vergessen wir nie, dass das Leben so, wie es ist, immer richtig ist und auch so sein soll, weil es uns ganz und gar entspricht und wir es so erschaffen haben.

Jeder Mensch kann in jedem Augenblick aus der Unwissenheit austreten und zu Bewusstsein erwachen. Es ist ein Zu-sich-Kommen, indem das Erbe der Vollkommenheit angenommen wird. Damit verändert sich das Bewusstsein, indem es über sich hinauswächst und dadurch ein anderes Leben erschaffen wird. Achten wir auf unsere Gedanken, denn sie erschaffen und zerstören, verletzen und erfreuen. Seien wir uns dabei unserer Verantwortung bewusst, welche Kraft die Gedanken haben. Lassen wir den Gedanken und Worten nicht uneingeschränkt ihren Lauf, sondern gestalten wir sie bewusst, indem wir etwas achtsamer sind. Wir erschaffen unser Leid und unsere Freude und sind somit auch dafür verantwortlich. Der freie Wille beruht auf dem Willen Gottes, doch wir können uns ihm öffnen oder verschließen. Und wohin geht Ihre Aufmerksamkeit?

2. Das Prinzip der Entsprechung

»Wie oben, so unten; wie unten, so oben.«

Alles, was es auf der Welt gibt, hat auf jeder Ebene des Daseins seine Entsprechung. Alles entspricht allem und ist in allem enthalten. Das Gute und das Böse sind ein und dasselbe, weil sie derselben Quelle entspringen. In der Freude ist die göttliche Kraft genauso enthalten wie im Leid. An der Oberfläche kann man es nicht sehen, man muss schon etwas genauer hinsehen, um es entdecken zu können. Das Gesetz der Entsprechung lautet: wie im Großen so im Kleinen, wie im Kleinen so im Großen. Wie innen so außen, wie außen so innen. Wie oben so unten und wie unten so oben. So wie wir die Dinge sehen, genauso werden sie uns begegnen. Wir können im Dunkeln das Helle erkennen und im Hellen das Dunkle. Die persönliche Sichtweise verwehrt diese Durchsicht, weil sie sich im Gesehenen verliert und nicht erlaubt, tiefer vorzudringen. Aber warum wagen wir dieses Experiment nicht einfach? Warum sehen wir die Dinge immer so, wie sie eigentlich gar nicht sind, sondern wie wir sie zu sehen glauben? Die Sinne verwehren uns die Sicht mit dem Herzen, obwohl wir alle dieses feinfühlige Sehen in uns tragen. Das Außen ist der Spiegel von innen, und wir können die Dinge nur so sehen, wie wir sie wahrnehmen können. Diese Wahrnehmung entspricht dem Reifegrad der Seele, und doch gibt es niemanden, der weiter oder weniger weit entwickelt ist. Alle sind wir ein und dasselbe, denn wir sind das, was den Körper lenkt und darin wohnt und nicht der Körper selbst. Sind wir mit uns im Reinen, dann ist es auch die Welt. Sind wir es nicht, dann wird auch die Welt chaotisch sein. Je weiter und bewusster wir sind, desto weiter wird sich auch unser Leben zeigen. So kann es harmonischer werden, damit es unsere Harmonie reflektiert.

Das Entsprechungsprinzip enthält die Wahrheit, dass es eine Übereinstimmung zwischen den Gesetzen und Erscheinungen auf den verschiedenen Ebenen von Sein und Leben gibt. Das Erfassen dieses Prinzips gibt uns die Möglichkeit, verborgene Naturgeheimnisse zu entschleiern. So erhalten wir die Chance, diese Abläufe nicht nur zu durchschauen, sondern sie durch diese Einsicht und Erkenntnis für unser Leben zu nutzen und anzuwenden. Es gibt Pläne jenseits unseres Vorstellungsvermögens, die immer schon da waren und ewig Bestand haben. Wenden wir das Prinzip der Entsprechung an, können wir entdecken, was uns sonst verborgen geblieben wäre. Das Entsprechungsprinzip kann allgemein angewendet werden und zeigt sich auf allen Ebenen des materiellen, des mentalen und des spirituellen Universums, da es ein universales Gesetz ist. Mithilfe der Erkenntnis dieses Gesetzes kann der Mensch vom Erkannten auf das Unbekannte schließen. Wer sich diesem Thema bemächtigt, wird unbewusst oder bewusst auf die Abläufe Einfluss ausüben, weil er in tiefere Schichten vorgedrungen ist.

3. Das Prinzip der Schwingung

»Nichts ist in Ruhe, alles bewegt sich, alles ist in Schwingung.«

»Derjenige, der das Prinzip der Schwingung versteht, hat das Zepter der Macht ergriffen«, hatte einer der alten Meister geschrieben. Nichts bleibt stehen, alles ist ständig in Bewegung. Alles steigt und fällt. Alles ist Schwingung. Alles besitzt seine Gezeiten. Alles fließt hinein und wieder hinaus. Dieser Schwung offenbart sich in allem und der Schwung nach rechts entspricht dem Schwung nach links. Der Rhythmus ist ständig und ausgleichend, in und durch alles. Der Geist schwingt, und dadurch hat er so einen immensen Stärkegrad und eine solch unendliche Schnelligkeit, dass man glaubt, sie würde ruhen und unbeweglich sein. Betrachten wir ein sich schnell bewegendes Rad, haben wir ebenso das Gefühl, als würde es stillstehen. Und auch die groben Formen der Materie, also alles, was uns umgibt, schwingt, und das kann mit unseren Augen nicht wahrgenommen werden. Zwischen all den unterschiedlichen Polen gibt es Millionen unterschiedlicher Schwingungsgrade. Es vibriert und dehnt sich aus, ohne nur einen Augenblick stillzustehen. Überwinden wir die Starrheit und Unbeweglichkeit und werden wir beweglich und nachgiebiger. Alles Harte wird sich in das Weiche umwandeln, und was starr ist, muss zerbrechen, um der Elastizität des Geistes zu weichen. Die ständige Bewegung ist eine Tatsache, auch die moderne Wissenschaft pflichtet dem bei. Wie alle hermetischen Gesetze, die vor Tausenden von Jahren verkündet wurden, gilt es auch dieses Prinzip zu erkennen und anzuwenden. Es offenbart die Unterschiede zwischen den verschiedenen Manifestationen des Stoffes, das heißt der Energie, des Denkens und auch des Geistes, die im weitesten Maße von den verschiedenen Schwingungsgraden abhängig ist. Die gröbste sowie die reine vergeistigte Form, ob in der Materie und für uns unsichtbar, ist eine Bewegung in sich. Je feiner die Schwingung, desto vergeistigter wird sich der Körper zeigen.

4. Das Prinzip der Polarität

> *»Alles ist zweifach, alles hat zwei Pole, alles hat sein Paar von Gegensätzlichkeiten; gleich und ungleich ist dasselbe; Gegensätze sind identisch in der Natur, nur verschieden im Grad; Extreme berühren sich; alle Wahrheiten sind nur halbe Wahrheiten; alle Widersprüche können miteinander in Einklang gebracht werden.«*

Es gibt nichts, was einseitig ist, denn alles besitzt zwei Pole. Alles hat Gegensätze und die Gegensätze sind *eins*. Dunkel und hell, kalt und warm sowie alt und neu sind gleich, sogar gleich und ungleich sind ein und dasselbe. Dieser Widerspruch scheint für viele Menschen schwer nachvollziehbar zu sein, doch das ganze Leben basiert auf Widersprüchen. Jede Aussage und keine Sache sind richtig oder falsch, weil es immer nur die Form der Betrachtungsweise ist, wie wir die Dinge einordnen und erkennen können. *Die Eigenschaft der Dinge entsteht durch den Betrachter, vorher sind sie neutral.* Das göttliche Prinzip ist männlich und weiblich zugleich. Das ganze Leben ist polar und dual, das heißt, dass alles zwei Seiten hat. Es gibt also kein Leben in ewiger Freude, weil auch das Leid Bestand hat. Das Auf und Ab im Leben ist also normal, da wir diesen Gesetzmäßigkeiten unterworfen sind. Friede ist rein geistig und Friede auf Erden bedingt den Krieg, da es ein polares Erfahrungsfeld ist, worin wir reifen können.

Der Mensch ist ständig am Bewerten, Verurteilen, Einordnen und Kritisieren. Er ist immer für oder gegen etwas. Dieses polare Verhalten macht uns krank und verwehrt uns, ganz zu sein. Die Weiterentwicklung erfolgt in der Neutralität. Nur die goldene Mitte lässt uns reifen, also kein Dagegen oder Dafür, sondern ein Sowohl-als-auch. Alles hat seine Berechtigung, weil das polare Feld Gegensätze beheimatet. Warum also für oder gegen etwas sein? Wenn wir alles bei dem belassen, wie es ist, sieht die Welt ganz anders aus. Die Gleichheit mag uns paradox erscheinen, und nur wenn wir uns der Mitte annähern, werden wir uns der Wahrheit annähern können. Die Wahrheit liegt gut unter all den Dingen der Welt versteckt. Mit dem Verstand werden wir sie nie begreifen können, nur mit dem Herzen ist es uns möglich.

Wenn wir in der bedingungslosen Liebe, aus unserem höchsten Selbst heraus, leben, leben wir in der Neutralität und können die Polarität hinter uns lassen.

Lassen wir doch das Urteilen, Richten, Werten und Verurteilen sein und lassen wir alle Sichtweisen, Meinungen und Darstellungsformen einfach so, wie sie sind. Jeder sieht die Dinge anders und jeder hat von seinem Standpunkt aus gesehen recht. Auch wenn wir es anders sehen, sollten wir dennoch wissen, dass es der andere nur so sehen kann, wie er es sieht. Es entspricht seiner Sichtweise, seinem Denken, Fühlen und Sein. Was spricht also dagegen, den Menschen ihre Sichtweise zu lassen und ihnen die Freiheit zu schenken, es so betrachten zu dürfen, wie sie es nun mal tun? Alles hat seine Berechtigung und alles ist in sich gut. Geschlechtlichkeit, Polarität, Gegensätzlichkeit und Dualität ist in allem vorhanden und in allem gleich.

5. Das Prinzip des Rhythmus

>*Alles fließt aus und ein, alles hat seine Gezeiten,*
>*alle Dinge steigen und fallen, das Schwingen des*
>*Pendels zeigt sich in allem; das Maß des Schwunges*
>*nach rechts ist das Maß des Schwunges nach links;*
>*Rhythmus kompensiert.«*

Wenn wir die Natur betrachten, können wir überall einen Rhythmus erkennen. Es ist der Rhythmus von Geburt und Sterben, vom Werden und Vergehen, von Schatten und Licht, vom Wachsen und Verwelken, von Tag und Nacht, von Frühling, Sommer, Herbst und Winter und von Wärme und Kälte. Das ganze Universum definiert sich über Begriffe wie Wellen, Vibrationen und Rhythmen als eine Folge von strukturierten, periodischen Phasen, die jedem Ereignis innewohnen. Alles wandelt sich zu seiner Zeit in das Gegenteil. Das Gesetz der Reinkarnation ist ebenfalls ein Beispiel dafür. Es gibt in der Natur keine einzige Erscheinung mit einem Anfang und Ende, denn jedes Ende ist gleichzeitig der Anfang von etwas Neuem. Auf jedes Hoch folgt zwangsläufig ein Tief, alles unterliegt diesem Auf und Ab – ohne das Einatmen wäre ein Ausatmen erst gar nicht möglich. Gerade dieser Wechsel zweier Polaritäten macht diese Lebendigkeit aus. Vorgänge, die einen Anfang und ein Ende besitzen, könnte man erst gar nicht in ein Ganzes einordnen, denn das Universum ist Ganzheit an sich. Durch dieses zyklische Geschehen beginnt eine Verbundenheit zum

Ganzen zu entstehen, somit wird aus der Polarität eine Einheit, die immer beide Pole umfasst. Es ist das periodische System der Elemente, wie es zum Beispiel bei der Sinuskurve der Elektrizität der Fall ist.

6. Das Prinzip von Ursache und Wirkung

> *»Jede Ursache hat ihre Wirkung; jede Wirkung ihre Ursache; alles geschieht gesetzmäßig, Zufall ist nur der Name für ein unbekanntes Gesetz. Es gibt viele Ebenen der Ursächlichkeit, aber nichts entgeht dem Gesetz.«*

Jede Wirkung hat eine Ursache und jede Ursache hat eine Wirkung. Jede Aktion erzeugt eine bestimmte Energie, die mit gleicher Intensität zum Ausgangspunkt, also zum Erzeuger zurückkehrt. Eine Ursache kann nicht aus sich heraus entstehen und somit ist auch die Ursache eine Wirkung. Alles ist wechselwirkend, bezieht sich aufeinander, ist einander bedingt und kann alleine nicht bestehen. Die Wirkung entspricht in Qualität und Quantität der Ursache und umgekehrt. Gleiches wird Gleiches erzeugen und zieht Gleiches an. Jeder Reaktion geht eine Aktion voraus, und diese Aktion, die als Ursache zu sehen ist, bedingt ebenfalls einen Auslöser. Wie soll eine Ursache aus sich heraus entstehen können? Allem geht immer der Geist voraus, weil er das einzig wirklich Existierende ist. Die Ursache kann auf vielen Ebenen liegen und alles geschieht in Übereinstimmung mit der Gesetzmäßigkeit. Jedes einzelne Individuum, jeder Mensch ist Schöpfer, Träger und Überwinder seines Schicksals. Das Schicksal formt sich in jedem Augenblick durch unser Verhalten, Denken, Reagieren, Sprechen, Handeln und vieles mehr.

Jedes Gefühl, jeder einzelne Gedanke und jede Tat sind also Ursachen, die immer eine bestimmte Wirkung nach sich ziehen. Es gibt also keine Schuld, keine Sünde, kein Glück, keinen Zufall, sondern nur Ursache und Wirkung, die viele Jahrhunderte und Existenzen auseinanderliegen können und so lange ihre Wirkung haben, bis sie von uns in Liebe angenommen werden. Wir werden so lange mit Wirkungen konfrontiert, solange wir noch Ursachen setzen. »Schicksal, Zufall und Glück« gibt es zwar, aber sie sind nicht das, was wir uns darunter vorstellen. Diese Begriffe entsprechen den Gesetzmäßigkeiten und können gar nicht anders sein, weil sie einer Wechselwirkung obliegen. Jede Handlung zieht ein Karma nach sich. Das Prinzip des Karmas entspricht eigentlich dem Gesetz von »Auge um Auge und Zahn um Zahn«: Was wir über einen anderen sagen oder denken, das sind wir selbst, und was wir einem anderen antun, fügen wir uns selbst zu! Alles fällt auf uns zurück und trifft uns selbst, da es nichts außer uns, den wahren Geist, gibt. Wir sind das Eine und der Geist. Nur weil wir einen Körper nutzen, heißt das noch lange nicht, dass wir dieser auch sind. Wenn wir betrügen, betrügen wir uns selbst. Wenn wir verletzen, verletzen wir uns selbst.

Wenn wir begehren, begehren wir uns selbst. Nur durch die Neutralität, Bewusstsein und Liebe können die Überreste des früheren Irrtums aufgelöst werden.

Woher kommen unsere Eigenschaften? Wie entstehen unsere Verhaltensmuster? Wir sollten bei all unseren Gedanken und Taten, Ideen und Gefühlen stets die mögliche Wirkung vor Augen haben. Wenn wir für jemanden Abneigung empfinden, kehrt diese in mindestens der gleichen Intensität sofort zu uns zurück. Der oder das andere ist lediglich der Spiegel unseres Selbst. Jemandem Schaden zuzufügen, bedeutet, sich selbst zu schaden. Solange wir Hass, Wut, Zorn, Verbitterung und Angst empfinden und auf andere projizieren, zeigt es nur unsere eigene Unzulänglichkeit auf. Wir können nur das sehen, was wir in uns tragen und sind.

7. Das Prinzip des Geschlechts

»Geschlecht ist in allem, alles hat männliche und weibliche Prinzipien, Geschlecht offenbart sich auf allen Ebenen.«

Geschlecht ist in allem. Wirklich alles besitzt männliche und weibliche Prinzipien, weil sich das Geschlecht auf allen Ebenen offenbart. Die universelle Kraft schuf den Menschen in Form von Mann und Frau nach seinem Ebenbild. Das siebte Prinzip enthält die Aussage, dass das Geschlecht in allem vorhanden ist. Männliche und weibliche Prinzipien sind stets gleichzeitig am Werk. Dies betrifft nicht nur die physische, sondern auch die geistigen sowie reingeistigen Ebenen. Auf der physischen Ebene wird das Prinzip als Geschlechtlichkeit sichtbar und zeigt sich in Form von Materie. Auf höheren Ebenen nimmt es subtilere Formen an, doch das ändert nichts am Prinzip, welches immer dasselbe ist.

Wer dieses Gesetz versteht, wird auf so manche Frage Antworten finden, und diese sind erstaunlich und präzise zugleich. Alle Dinge und Formen enthalten das große Prinzip der Zeugung in sich, welches für Wiedererzeugung, Leben und Schöpfung steht. Das Männliche enthält auch das weibliche Element und das Weibliche besitzt auch das männliche Prinzip. Wie dieses Prinzip des Geschlechts bedarf es auch eines Studiums der anderen Prinzipien, um es in seinen Tiefen zu erfassen. Das Wissen alleine reicht nicht aus, denn das Verstehen findet auf der Ebene des Herzens und der Seele statt. Alle Prinzipien halten die Lösung vieler Mysterien des Lebens bereit. »Dem Reinen ist alles rein, dem Gemeinen sind alle Dinge gemein.« Die Geschlechtlichkeit ist die Einheit, wie wir sie im Tao erkennen können. So wie wir das Meer nicht von den Wellen trennen können, so ist alles miteinander verwoben, alles ist eins und nichts kann ohne das andere existieren. Das stärkste Glied kann immer nur so stark sein wie sein schwächstes ist. Auch wir, Sie und ich, tragen die männlichen sowie weiblichen Aspekte in uns. Leben wir also beide Prinzipien gleichermaßen und ausgewogen.

Das weibliche Prinzip ist das Gefühlsbetonte, das Emotionale und das, was sich hingeben kann. Das männliche Prinzip hingegen ist das formgebende und richtungsweisende, es ist kräftig, vom Willen geprägt und unterliegt einer starken Antriebskraft. Es gibt den Ton an und lenkt die Richtung, es ist die Schaffenskraft an sich. Das Weibliche ist der Inhalt, die Fülle und die Weichheit, die zum elementaren Willen gegensätzlich zu sein scheint. Wer beides lebt, weder das eine bevorzugt noch das andere benachteiligt, auch nicht das eine will und das andere ignoriert, trifft eine weise Entscheidung. In der goldenen Mitte zu ruhen und beide Aspekte ins Leben mit einzubeziehen, fördert die Gelassenheit und zieht eine gewisse Leichtigkeit mit sich. Viel Kummer und Sorgen blieben uns erspart und das Dasein könnte im Gleichklang sein.

Versuchen wir diese goldenen Prinzipien nicht zu verstehen, sondern beginnen wir damit, sie mit dem Herzen zu erfassen. Spüren wir in sie hinein und nehmen wir das mit, was unser Innerstes berührt. Mögen sie auch Ihnen all das bescheren, was Sie sich immer schon ersehnt und erträumt haben.

Das fundamentale »Gesetz der Anziehung und Abstoßung«

Wer die Gesetzmäßigkeiten der Anziehung und der Abstoßung nicht nur verstanden, sondern auch verinnerlicht hat, wird das Leben mit anderen Augen sehen. Denn nur wer das Resonanzprinzip erkannt hat, wird es vollumfänglich für sich nutzen können. Nun wissen Sie auch endlich, warum Ihr Leben so ist, wie es ist. Bald ist es fast schon logisch, warum es im Moment gar nicht anders sein kann. Wenn Sie etwas unbedingt haben wollen oder dringend brauchen, dann befinden Sie sich im Mangelbewusstsein. Warum? Weil Sie an etwas denken, was Sie nicht haben. Damit erschaffen Sie die Energie der Abstoßung. Je stärker ein Wunsch ist, desto stärker wirkt die Abstoßung, und Sie werden keine Chance haben, das Gewünschte zu bekommen oder zu erreichen. Dasselbe Gesetz wirkt, wenn Sie irgendetwas in Ihrem Leben verhindern oder anders haben wollen, weil Sie es dadurch nahezu magnetisch anziehen werden. Vielleicht haben Sie sich auch schon oft die Frage gestellt, warum Sie Ihren Traum bis jetzt noch nicht verwirklicht haben. Und wahrscheinlich haben Sie auch über die Hindernisse, Schwierigkeiten, Grenzen und Unmöglichkeiten nachgedacht.

Um einen Mangel aufzulösen, sollte man sich ihn vorerst bewusst machen, um ihn dann auflösen zu können. Jeder Mangel verhindert die Erfüllung ganz zuverlässig, deshalb empfiehlt es sich, erst gar nicht in dieses niedrige Bewusstsein zu gehen. Wenn man sich aber des Öfteren darin verirrt, dann sollte man erst gar nicht versuchen, es zu verändern oder sich darüber zu verurteilen. Sie stellen einfach fest, dass Sie dort hineingestolpert sind, lassen es los und wenden Ihre Aufmerksamkeit etwas anderem zu. Die Aufmerksamkeit von den Dingen abzuziehen, die man nicht haben will oder die einen runterziehen oder Kummer und Sorgen bereiten, ist ein sehr wichtiger Aspekt, um auch in Zukunft glücklich zu sein. Zur Zukunftskompetenz gehört also auch die Achtsamkeit beziehungsweise, wie gehe ich mit Aufmerksamkeit um. Derjenige, der im Mangelbewusstsein verweilt, hat mit Ihnen ja nichts zu tun. Es betrifft Ihr Ego und Ihren Verstand oder auch Ihren Körper, doch niemals berührt es das, was Sie wahrhaftig sind. Die Persönlichkeit fällt in Muster und Programme, die Seele aber ist immer davon befreit, weil sie jenseits dieser Abläufe ist.

Wer gerne mehr Geld hätte, richtet seine Aufmerksamkeit wahrscheinlich auf mehr Geld. Warum aber kommt man auf die Idee, dass das etwas bewirken könnte? Denken Sie, wenn Sie sich Geld wünschen, dass es dann auch in Ihr Leben tritt? Wohl sind der Glaube oder die Hoffnung daran, den Mangel manipulieren oder verändern zu können, der Auslöser dafür, dass Sie sich Sorgen machen, sich etwas wünschen oder beginnen, über das Habenwollen nachzudenken. Habenwollen ist nicht nur ein Mangel, sondern auch ein Widerstand gegen die Istsituation. Wer das weiß, wird nicht mehr in diese Falle tappen.

Wenn Sie also Ihre Aufmerksamkeit auf etwas richten, was Sie nicht wollen, verstärken Sie den Mangel. Ein »Ich habe nichts, und das will ich ändern« oder ein »Ich habe wenig und will es vermehren« sorgt zuversichtlich dafür, dass Sie weiterhin nichts haben werden. Ich wiederhole es hier, weil viele Menschen einfach so drauflosdenken und sich gar nicht bewusst sind, was sie mit ihren Gedanken alles so anrichten können. Sich den täglichen Gedanken hinzugeben und jeden einzelnen nachzuverfolgen erzeugt das menschliche Drama. Gedanken erschaffen die individuelle Realität und steuern somit auch Ihr Leben. Unsere Aufmerksamkeit wird von unserer Motivation gesteuert, und die will etwas haben, um etwas anderes zu vermeiden. Unsere Motivation läuft meist unbewusst. Sie funktioniert über Gefühle und Empfindungen, und die sind ein sicherer Indikator, ob eine positive oder negative Motivation hinter der Absicht steckt. Wenn es sich gut anfühlt, geht es Ihnen darum, den Wunsch zu erfüllen, weil er Ihnen Freude bereitet. Nehmen wir an, Sie wünschen sich ein schönes Haus. Es geht Ihnen dabei aber nicht um das Objekt selbst, sondern welche Gefühle es Ihnen vermittelt. Schenkt es Ihnen Geborgenheit, mehr Wertigkeit oder Stolz? So verhält es sich auch mit anderen Dingen wie zum Beispiel der Partnerschaft. Wenn Sie sich einen Partner wünschen, ist es nicht der Mensch an sich, den Sie »haben wollen«, sondern wiederum das Gefühl, das er Ihnen gibt. Geborgenheit, Zuneigung, Liebe, Aufmerksamkeit, das Gefühl von Gemeinsamkeit, also nicht mehr alleine sein zu müssen.

Wenn sich etwas unangenehm anfühlt, dann wollen Sie es vermeiden, verändern oder loswerden. Aber warum? Hat nicht alles seine gleiche Berechtigung? Die geistigen Prinzipien besagen, dass das Leben einem Auf und Ab obliegt; also ist es völlig normal, dass etwas schiefläuft oder wir uns einmal nicht so gut fühlen. Das Problem ist nicht die Situation, die uns nicht passt, sondern dass wir dagegensteuern und es anders haben wollen. Vielleicht ist dieses »Ändernwollen« sogar noch mit der Angst des Versagens und der Angst möglicher Folgen verbunden, die eintreten könnten, wenn der Wunsch unerfüllt bleibt.

Ob es nun die Kündigung, die Trennung, die Pleite oder der Ortswechsel ist, das alles ist niemals das direkte Problem. Das wirkliche Problem ist, dass wir es nicht akzeptieren können, dass das Leben sich mal so oder so zeigt. Wir können etwas als gut oder als schlecht empfinden, das ändert nichts daran, dass die Sache nun mal so ist, wie sie ist. Braucht sie unsere Erlaubnis? Nein! Das Leben hat eine Eigendynamik und folgt seinen Gesetzen ganz unabhängig von dem, was wir wollen oder empfinden. Das ist nicht schlimm, wenn wir verinnerlicht haben, dass es gar nicht anders sein kann. Warum sich über den Regen ärgern? Ändert sich etwas daran?

Wir sollten nicht gegen oder für etwas sein, sondern dem Leben erlauben, sich so zu zeigen, wie es gerade ist. Es ist ja nur unsere Entsprechung, unser Spiegelbild und unser selbst erschaffenes Bild.

Bitte überprüfen Sie stets die Motivation, die hinter Ihren Wünschen steht. Wenn Sie sich mehr Geld wünschen: Wollen Sie wirklich das Geld oder einfach nur Ihre Miete bezahlt haben, damit Sie nicht ausziehen müssen? Möchten Sie sich etwas kaufen, um anderen zu gefallen oder sich selbst einen Gefallen tun? Vielleicht wollen Sie einfach keine Sorgen mehr haben. Sie brauchen sich nichts zu wünschen, um es zu bekommen. Machen Sie sich einfach bewusst, dass Sie »eigentlich« etwas vermeiden wollen. Der Wunsch kann deshalb immer das Gegenteil bewirken und wird Ihnen mit ziemlicher Sicherheit noch mehr Sorgen bereiten. Was können Sie tun?

Vorerst nehmen Sie die Situation an, wie sie ist. Nicht weil Sie es »müssen«, sondern weil es Ihre Wahl ist, das Leben zu akzeptieren. Ihr Dagegensein wird die Situation nicht ändern, es schadet nur Ihnen selbst. Ersetzen Sie den Geldwunsch zum Beispiel durch folgende Frage: »Was will ich denn anstatt der Sorgen haben?« Nachdem Sie sich diese Frage gestellt haben, geben Sie sich gleich die passende Antwort darauf. Die könnte wie folgt lauten: »Es wäre schön, in der Leichtigkeit zu leben und mich wohlzufühlen.« Das ist das, was Sie in Wirklichkeit wollen. Kehren Sie deshalb einen erkannten Vermeidungsgedanken einfach um, um Mangel erst gar nicht zu erzeugen.

Als Nächstes gilt es, nicht nur zu verstehen, warum das Leben immer nur so sein kann, wie es sich gerade zeigt, sondern in jeder Situation sollte auch die Botschaft erkannt werden. Was will mir das Leben sagen? Was will es mit diesem Umstand ausdrücken? Welch wertvoller Hinweis steckt hinter einem Ereignis? Was will mir das Verhalten eines Menschen mitteilen, und warum verhält er sich so? Ist alles richtig, auch wenn ich es nicht erkennen kann?

Die wertvollen Botschaften
des Lebens erkennen

Wenn wir eine Botschaft ignorieren oder nicht erkennen, wird sie vom Leben wiederholt. Je öfter wir etwas übersehen, desto deutlicher wird die Form des »Nachhilfeunterrichts« sein, die uns das Leben tagtäglich beschert. Wer sich nicht vorwärtsbewegt, der wird geschubst, und wer nicht hören will, muss fühlen. Das kann allerdings sehr unsanft sein, und wie viele Menschen beschweren sich über ihr ach so hartes Leben und das schwere »Schicksal«, das sie erdulden müssen. Doch wie soll das Leben Ihrer Meinung nach mit Ihnen umgehen, wenn Sie selbst nichts sehen und erkennen? Nachhilfeunterricht ist dazu da, um zu erkennen, um bewusster zu sein und mehr Tiefe zu entwickeln. Wer nicht erkennt, dem werden schmerzhafte Erfahrungen widerfahren, ansonsten würden wir ja nie zur Erkenntnis gelangen. Erst wenn es richtig wehtut, beginnen wir damit, uns nach innen zu richten. Solange alles gut läuft, bleiben wir in der Oberflächlichkeit verhaftet und tun nichts für unsere spirituelle Entwicklung. Aber wenn es beginnt wehzutun, dann sind wir ganz gute Schüler, das ist gewiss. Das Leben ist also geduldig und wiederholt die Botschaft in einer immer deutlicheren Form.

Würden wir die Botschaften und Hinweise bemerken und verstehen, bräuchten sie nicht immer und immer wieder zu erfolgen. Es ist also nur eine gut gemeinte Hilfestellung, die äußerst wertvoll ist. Aus diesem Grund erleben wir immer wieder die gleichen Situationen, als befänden wir uns in einer Endlosschleife. Damit wir unsere Lebensabsicht leichter erkennen können, schenkt uns das Leben diese Botschaften. Sie sind ein Geschenk und niemals ein Problem, wozu wir es degradieren. Man könnte sagen, dass alles, was wir erleben und uns widerfährt, eine gut gemeinte und hilfreiche Botschaft ist. Es vergeht kein Augenblick, in dem das Leben nicht ständig zu uns spricht, doch diese Sprache können nur ganz wenige Menschen »verstehen«. Nicht nur das, was geschieht, ist ein Hinweis, auch ein Wunsch ist eine Botschaft. Vielleicht ist das Zwischenmenschliche ein Wunsch nach Kommunikation, die Depression ein Hilfeschrei nach der Lebensfülle und der unerfüllte Kinderwunsch die Sehnsucht nach Nähe und Geborgenheit. Auch unsere körperliche Beschaffenheit sowie körperliche Reaktionen, unsere Beziehungen, unser beruflicher Status, Gefühle und Gedanken, Ängste und Nöte, die wirtschaftliche Situation, unsere »geistige Entwicklung«, Inspiration und Offenheit zeigen etwas an. Wer sieht schon gerne hin? Wer möchte schon seine Schwächen anerkennen?

Man sollte bereits in der Schule lehren, wie man dem Leben begegnet, was es uns zu sagen hat und wie man die Hinweise erkennen und deuten kann. Auch Krankheiten haben uns viel zu erzählen. Die Botschaft des Körpers ist eine Art »In-form-ation« über unser Verhalten und was daran nicht stimmig ist. Krankheit ist keine Strafe, sie ist die Folge unseres Soseins, unseres Verhaltens und unserer Art, uns darzustellen und zu leben. Jedes körperliche Ungleichgewicht ist eine Chance zum Besseren. Hinter Krankheit steht also eine unerkannte und ungelöste Aufgabe, die »erlöst« werden will. Wie bereits erwähnt schickt uns das Leben Schmerz. Dieser Schmerz will uns auf ein Versäumnis hinweisen und uns auf etwas aufmerksam machen. Wo vernachlässigen wir uns? Wo sind wir nicht in unserer Mitte? Was ignorieren wir? Medikamente können eine Krankheit nicht heilen, weil sie zwar den Schmerz überdecken oder kurzfristig außer Gefecht setzen, doch nicht die Ursache berücksichtigen. Ja, es sind Viren, die die Grippe in Gang setzen, aber wie entstanden diese Viren? Erst durch ein Ungleichgewicht können sie sich ausbreiten. Wer in seiner Mitte ist und im Gleichgewicht lebt, dem werden auch Viren nichts anhaben können.

Es gibt kranke Menschen, die beschweren sich, dass ihnen kein Arzt oder Heiler helfen kann. Vielleicht wäre es an der Zeit, Verantwortung zu übernehmen, anstatt sie abzugeben. Nehmen Sie Ihr Leben doch einfach selbst in die Hand und horchen Sie hin, was Ihnen das Leben zu sagen hat. Darauf zu warten, dass Ihnen irgendjemand hilft, ist bestimmt keine Lösung. Achten Sie auf die Symptome, die Ihnen Ihr Körper gibt, und beginnen Sie damit, diese wertvollen Hinweise zu fühlen und zu »verstehen«. Was nützt es, unangenehme Beschwerden einfach loszuwerden? Es mag einmal klappen oder vielleicht auch mehrmals, aber sie kommen wieder. Es geht darum, die Umstände zu durchleuchten. Eine unerkannte Aufgabe lässt sich weder unterdrücken noch einschüchtern und auch nicht bestechen. Sie kommt immer wieder hoch, bis wir dazu bereit sind hinzusehen, ihr Achtsamkeit zu schenken und sie zu verstehen.

Wir könnten zur Krankheit auch »Schicksalsschlag« sagen, denn Schicksal ist das, was wir verursachen. Es ist das Ergebnis einer Ursache, die wir bewusst oder unbewusst gesät haben, und die Ernte kommt immer, wenn die Samen ausgereift sind. Verlassen wir also die Sackgasse und begeben wir uns auf die Hauptstraße des Lebens zurück. Das Symptom einer Krankheit ist immer eine Information über die Krankheit. Das Symptom wird erst dann verschwinden, wenn es seine Aufgabe erfüllt hat, die Botschaft erkannt und befolgt worden ist. Dies zieht einen Bewusstseinswandel nach sich, denn die sogenannte Krankheit hat etwas Heilendes und Transformierendes an sich.

Probleme sind auch eine ganz interessante Form einer Botschaft. So etwas wie Probleme gibt es nicht, aber wir machen Situationen zu Problemen, indem wir sie so benennen. Wir geben ihnen unsere Aufmerksamkeit, weil wir die Situationen ablehnen oder loswerden wollen. Wäre Ihr Problem ein wirkliches Problem, dann müsste es ja jeder Mensch haben. Es liegt also an der Art unserer Wahrnehmung und Sichtweise, was ein scheinbares Problem zu dem macht, was es gar nicht ist. Jedes Problem ist eine Auf-gabe, die uns das Leben stellt und die wir lösen sollten. Ist etwas nicht gelöst, ergibt sich ein möglicher Entwicklungsschritt, welcher uns durch das Problem ermöglicht wird. Jede Situation, die wir als Problem bezeichnen, aber hinter uns lassen, lässt uns wachsen und bewusster werden. Wie wunderbar, wenn wir das durchschauen! So können wir das vermeintliche Problem als Geschenk ansehen. Warum ist es immer gleich ein Problem, wenn etwas nicht nach unseren Vorstellungen läuft? Die eigentlichen Probleme heißen wohl eher Vorstellungen und Erwartungen. Das Problem ist nicht das, was wir als Problem bezeichnen, sondern dass wir mit den Gegebenheiten nicht einverstanden sind. Diese Sichtweise ist neutral und geistig, und nur wer die Dinge so sieht, wird erst gar nicht mehr mit Problemen konfrontiert. Das Ego und der Verstand erklären eine ganz normale Situation zu einem Problem. Haben Sie Ihre Geldbörse verloren? Na und? Vielleicht gibt es jemanden, der das Geld dringender braucht. Sehen Sie die Dinge immer aus einer unpersönlichen Perspektive. Das ändert zwar nicht die Situation, bringt aber Gelassenheit und Zufriedenheit in Ihr Leben. Sie können im Nachhinein sowieso nichts mehr daran ändern, also bringen Sie auch Ihr Ärger oder Ihre Schuldzuweisungen nicht weiter.

Oft besteht die Lösung eines Problems darin, etwas aufzugeben oder loszulassen. Jedes scheinbare Problem trägt die perfekte Lösung in sich. Die Lösung wird immer erst durch eine exakte Definition des Problems sichtbar gemacht. Eine Aufgabe kann erst dann gelöst werden, wenn wir sie erkannt haben. Es gibt also keine Aufgabe, die unlösbar oder nicht wertvoll ist, auch wenn das beim ersten Hinsehen anders aussehen mag. Entwickeln auch Sie eine ganz neue Einstellung zu Problemen. Wenn Sie dann auch noch das Gesetz des Wohlstands integrieren, befinden Sie sich bereits auf einem sehr guten Weg, Probleme und Unstimmigkeiten hinter sich zu lassen.

Das »Gesetz des Wohlstands« als Zukunftskompetenz

Unter Wohlstand verstehen die meisten Menschen, viel Geld zu haben, in Saus und Braus zu leben und sich alles leisten zu können. Um das zu erreichen, arbeiten sie viel und hart und vergessen dabei, das Leben zu leben. Hart zu arbeiten muss aber nicht unbedingt zu viel Geld führen, da es nicht die Tätigkeit ist, die zu etwas führt, sondern die Ursache, die auf das Tun zurückzuführen ist. Allein die Ursache hat einen Einfluss darauf und vor allem bestimmt sie auch die Menge des Flusses. Was auch immer Sie tun, tun Sie es aus Leidenschaft und mit Freude und niemals aus Berechnung. Wer das Tun mit Erwartungen und Endergebnissen verknüpft, der sattelt das Pferd vollkommen verkehrt auf.

Es empfiehlt sich, immer den Ursprung im Auge zu behalten und immer zu beachten, wie und warum ich etwas tue. Wer die »Gesetze des Wohlstands« entdeckt und sie in sein Leben mit einfließen lässt, wird sein Leben in vollen Zügen genießen können und viele Veränderungen erfahren dürfen. Nur wer um die Funktionsprinzipien des Universums weiß, wird auch auf allen Ebenen Fülle manifestieren. Die Wissenschaft vom Wohlstand ist genauso exakt wie die Mathematik. Sobald Sie diese verinnerlicht haben und anwenden, werden auch Sie mit mathematischer Sicherheit wohlhabend sein. Warum? Weil alles, was Sie erleben, eine Folge von Ihren bewusst oder unbewusst gesetzten Ursachen ist, die man auch »Anweisungen« nennen könnte. Sie allein treffen die Wahl, wie Ihr Leben aussehen wird, denn Ihr Leben *ist* diese Wahl. Eines ist sicher: Alles ist jederzeit möglich, und es gibt nichts, was Sie nicht erreichen könnten. Das, was Sie als Realität bezeichnen, also Ihr selbst erschaffenes Weltbild sowie deren Darstellungsform, ist jederzeit bereit, jede gewünschte Form anzunehmen. Sie können zwar im Mangel und im Verzicht leben, doch das ist weder sinnvoll noch schöpfungsgerecht. Auch Sie werden diese Erfahrungen machen und so lange in diesem niedrigen Bewusstsein verweilen, bis es an der Zeit ist, darüber hinauszuwachsen.

Als Mensch wählen Sie unbequeme und unangenehme Erfahrungen natürlich nicht freiwillig, aber unbewusst haben Sie sie zu Ihrer Realität gemacht und sie eins zu eins erschaffen. Wenn eine Erfahrung ansteht, wird sie auch in Erscheinung treten, das ist gewiss. Sie werden vom Leben gelebt, nicht umgekehrt. Doch wenn Sie das erkannt haben, dann können Sie es bewusst mitgestalten und gezielte Ursachen setzen, deren Wirkungen vorhersehbar und wünschenswert sind. Sie sind dem Leben also nicht ausgeliefert, sondern haben es in der Hand, es zu gestalten und zu formen, und das jederzeit nach Ihren beliebigen Vorstellungen.

Wohlstand ist Fülle. Wohlstand ist inneres Gleichgewicht. Wohlstand bedeutet, dass Ihnen alles zu Wohle steht. Es ist viel mehr, als nur genug Geld zu haben, es ist der Wohlstand an sich. Das betrifft die Gesundheit genauso wie den Erfolg, die Beziehung, die spirituelle Entwicklung, den Lebensinhalt, die Finanzen und vieles mehr. Mit mehr Geld lebt es sich vielleicht einfacher, so meint man – aber das ist gar nicht wahr. Mit Geld können Sie sich weder Zufriedenheit noch Gesundheit kaufen, und mit weniger Geld öffnet man sich eher dem Bewusstsein, weil man oft situationsbedingt dazu gezwungen wird. Wer nicht in der natürlichen Fülle ist, verwehrt sich damit der Vollkommenheit des Seins. Geld ist Energie. Geld, Armut, Krankheit, Gesundheit, Trauer und Freude sind zum Beispiel ein Ausdruck eines bestimmten Bewusstseins, um nur einige davon zu nennen. Alles ist ein Ausdruck Ihres Soseins und spiegelt Ihr Wesen wider. Sie haben Ängste, Sorgen, Hoffnungen, Wünsche, Ziele und noch vieles mehr. Sie denken und fühlen, handeln und tun – all das formt nicht nur Ihr Leben, sondern ist auch für Ihren Wohlstand zuständig: Wie steht es in Ihren Gedanken, Gefühlen und Taten um Ihr Wohl und das der anderen? Sind Sie dort immer im Einklang, in der Freude und wohlwollend für alles, was ist? Wenn nicht, dann ist es an der Zeit, dies umgehend zu ändern; denn wie will das Leben gut sein, wenn es Ihre Gedanken nicht sind? Wie soll das Leben erfüllend sein, wenn es Ihre Handlungen nicht sind? Und wie sollen Ihre Gefühle immer gut sein, wenn es Ihre Haltung nicht ist? Sie sehen, Wandlung beginnt im Inneren. Es geht nicht darum, Ihr Leben zu verändern, sondern Ihre Einstellung und Ihr alltägliches Dasein und Wirken.

Alles unterliegt einem Magnetismus, der Sie reich macht oder auch nicht. Sie sind immer nur so reich, wie Sie sich fühlen. Überfluss ist eigentlich etwas ganz Natürliches und die Fülle verbirgt sich in allem. Auf den ersten Blick ist dies nicht erkennbar, doch bei genauerer Betrachtung können wir es mit dem Herzen entdecken. Wenn Sie in diesem Augenblick also nicht zufrieden sind und nicht in der Fülle leben, dann ist daran ein selbst erschaffenes Hindernis schuld, das Ihnen die natürliche Fülle verwehrt. Und dieses Hindernis ist niemand anderes als Sie selbst. Es sind Ihre Gedanken und Taten, Emotionen und Empfindungen, die Ihnen im Weg stehen, wenn diese nicht ganz und gar nach dem höchsten Selbst ausgerichtet sind. Beginnen Sie damit, achtsamer zu sein, um sich der natürlichen Fülle zu öffnen, denn nur so wird sie sich in Ihrem Leben manifestieren.

Der innere Reichtum kann durch »schöpferische Imagination« jederzeit beliebig vermehrt werden und als Ihre »Realität« in Erscheinung treten. Sehr hilfreich ist es auch, wenn Sie Ihre Vorstellung von Reichtum rückblickend erleben. »Schöpferische Imagination« heißt, dass Sie in der Vorstellung die Fülle und den Reichtum so erleben, als wäre er bereits geschehen. Fühlen und spüren Sie es, wie es sich anfasst und anfühlt, erleben Sie es in Bildern und empfinden Sie dabei tiefe Dankbarkeit. So ist es, als ob es bereits wäre, und das wird sich dann auch manifestieren, weil Sie es bereits mental vorerlebt haben. Dies funktioniert aber nur, wenn dies wirklich auf allen Ebenen gleichzeitig geschieht. Ein Hoffen oder Wollen reicht hier nicht aus, es bedarf der absoluten Überzeugung und des Glaubens daran. Jede Befürchtung macht diese Vorstellung wieder zunichte und damit wird auch das Materialisieren ausbleiben. Leben und bleiben Sie in der Empfindung, dass Ihnen Wohlstand, Reichtum und Erfüllung von allen Seiten zufließen, dann kann sich alles, was Sie sich vorstellen, manifestieren. Erschaffen Sie Ihr Leben und nehmen Sie es selbst in die Hand. Worauf warten Sie noch? Von selbst wird sich nichts ändern. Seien Sie die Veränderung, indem Sie dem Leben und dem Alltag Form geben. Setzen Sie die Ursachen, denen Ihre erwünschten Wirkungen folgen werden. Entscheidend über Erfolg und Erfüllung ist nicht das, was Sie sich vorstellen können, was Sie sich wünschen oder »sehen« oder das, was Sie fühlen können. Das Gefühl für einen Wunsch bedarf dann auch noch Ihrer Erlaubnis, dass es in Ihr Leben treten darf. Dies bedeutet, dass Sie es auch annehmen können. Viele Menschen fühlen sich den Dingen nicht gewachsen oder haben Minderwertigkeitsgefühle. Sie denken oder sagen: »Das steht mir nicht zu«, »Mir passiert das nicht« oder: »Warum sollte das gerade bei mir zutreffen?«.

Ganz gleich, ob Sie aus materieller Sicht »arm« oder »reich« sind, Sie sind immer so »reich«, wie Sie sich fühlen. Und wenn Sie sich innerlich nicht reich fühlen, werden Sie es auch im Außen nie sein. Beide Erfahrungen, ja überhaupt alles, was geschieht, ist wertvoll auf Ihrem Weg. Und wir alle benötigen jede Form von Erfahrung; dies bedeutet, dass wir alle irgendwann arm und reich waren oder sein werden, na und? Je mehr Bedeutung und Aufmerksamkeit man den Dingen gibt, desto wirkungsvoller werden sie sein. Gebe ich der Leere Raum, werde ich mich noch leerer fühlen. Unser Erfahrungsschatz ist individuell, und jede Seele wird das Passende, ihr Entsprechende und Hilfreiche zur gegebenen

Zeit erleben. Je nach Bewusstsein haben Sie die Chance und die Wahl, bewusst in Ihr Leben einzugreifen. Wenn Sie das nicht wissen, dann haben Sie die Chance natürlich nicht. Man muss es also zuerst erkennen, um es auch anwenden zu können. Die Königsdisziplin lautet, nichts mehr zu wollen und das Leben dem höchsten Selbst zu übergeben. Das dauert wohl eine Weile und bedarf jeder Menge Erfahrungen, bis wir damit beginnen, dieses Ziel zu verwirklichen. Bis wir dafür die nötige Reife erlangt haben, können wir ganz bewusst Ursachen setzen, um andere Erfahrungen zu sammeln und einige zu umgehen.

Alles, was existiert, ist ein Energiefeld mit einer ganz persönlichen Schwingung. Ich nenne diese Schwingung »energetische Signatur«, denn sie ist das, was wir ausstrahlen. Es ist wie eine Art Fingerabdruck, etwas, was uns ausmacht und was wir sind. Wir senden diese persönliche »energetische Signatur« ständig aus und verursachen damit »entsprechende Ereignisse«. Nach dem »Gesetz der Resonanz« ziehen wir das in unser Leben, was dieser »energetischen Signatur« entspricht, und halten all das zuverlässig fern, was ihr nicht entspricht. Auch Wohlstandsbewusstsein hat eine bestimmte »energetische Signatur«, und wenn Sie dieses Bewusstsein nicht leben, dann wird sich auch der Wohlstand nicht verwirklichen. Sie können sich also für Wohlstand oder ein ganz bestimmtes erwünschtes Ereignis »magnetisch« machen, indem Sie es geistig in Besitz nehmen. Das geschieht, indem Sie sich wie bereits beschrieben in der »schöpferischen Imagination« am Ziel erleben – gefühlsmäßig so lange, bis diese gelebte Vorstellung von einem starken Gefühl der Freude und Dankbarkeit abgelöst wird. Worauf immer Sie Ihre Aufmerksamkeit richten, genau das wird in Erscheinung treten. Versuchen Sie es nicht nur, sondern setzen Sie es um. Lassen Sie sich einfach überraschen, was alles möglich sein kann. Eine große Portion Vertrauen und Überzeugung werden Ihnen dabei hilfreich sein.

Mit Leichtigkeit in die Zukunft gehen

Alles, was mit Leichtigkeit geschieht, entspricht dem Lebensplan. Alles, was Mühe bereitet, sollte nochmals überdacht werden. Warum versucht der Mensch eigentlich immer das durchzusetzen, was er sich in den Kopf gesetzt hat? Es gibt Millionen von Dingen, die wir tun können. Wenn es gut geht, erkennen wir ein paar davon. Meistens ist es aber nur eine Variante, die wir erkennen, und dann setzen wir alles daran, um sie zu verwirklichen. Gelingt uns unser Vorhaben dann aber nicht, ärgern wir uns darüber und investieren noch mehr Energie, dass es sich endlich erfüllt. Sind Sie schon einmal auf die Idee gekommen, dass Sie sich in etwas verrennen und dass es gar nicht das ist, was Sie machen sollen? Da war ein Mann, der unbedingt die Firma retten wollte, die seine Eltern aufgebaut hatten. Aber war es auch sein Wille oder führte er nur eine Familientradition fort? Wollte er bloß die Anforderungen und Erwartungen der Eltern erfüllen?

Begegnen auch Sie der hohen Kunst der Leichtigkeit. Ohne Mühe alles zu erreichen, ist kein Wunsch, es kann jederzeit Wirklichkeit werden. Auch die Natur funktioniert völlig mühelos und wählt stets den leichtesten Weg, weil sie keinen Widerstand leistet. Wenn die Sonne scheint, dann streckt sich die Pflanze der Sonne entgegen. Wenn es regnet, dann werden die Äste nass, und wenn starker Wind weht, dann fallen die Blätter vom Baum. Hat sich der Baum schon einmal vorgenommen, seine Blätter zu behalten oder nicht zu wachsen? Auch der Mensch sollte sich dem Leben und den Gegebenheiten hingeben und keine Eigendynamik erzwingen. Wir können von der Natur viel lernen, und wenn es unsere Bestimmung ist, Bildhauer zu sein, dann wird das Farbengeschäft wohl pleitegehen müssen. Ansonsten würden wir in Dingen hängen bleiben, die nicht mehr zu uns gehören. Das Prinzip der Leichtigkeit ist auch als mathematisches Gesetz bekannt, als das Prinzip des geringsten Aufwands. Im Universum gibt es nichts, was diesem Prinzip nicht folgt, warum sollten wir es also nicht bewusst nutzen?

Würden wir nicht ständig etwas wollen und gegen die momentane Situation Widerstand leisten, würde alles völlig mühelos geschehen. Zur absoluten Leichtigkeit gehört auch das Motto »Erst gewinnen, dann beginnen!«. Das bedeutet, am Ziel zu sein, bevor es sich materialisiert hat bzw. in Erscheinung getreten ist. Dieses Motto entspricht der bereits erwähnten »schöpferischen Imagination«, die ich hier noch einmal mit einbeziehen möchte. Sie ist das Werkzeug, um die erwünschten Wirkungen zielsicher zu verursachen. Alles das, was zuvor geistig in Besitz genommen worden ist, kann zur Wirklichkeit werden. Indem Sie sich vorstellen, dass es bereits da ist, ist es vollbracht. Vergessen Sie nicht, es auch zu fühlen, denn nur verinnerlichte Vorstellungen werden sich realisieren. Im Laufe des Lebens kommen Sie in viele

Situationen, die Sie sich nicht gewünscht hätten. Sorgen Sie dafür, dass Sie unerwünschte Ereignisse nicht mehr anziehen. Dies geschieht ganz einfach, indem wir uns bewusst werden, dass jeder Gedanke, jedes Gefühl und jede Handlung eine Ursache hat. Steuern wir also unser Sosein ganz bewusst, indem wir mit alldem, was wir denken, handeln und fühlen, im Gleichgewicht sind und uns selbst sowie allem mit mehr Achtsamkeit begegnen. Ihre »energetische Signatur« ist der Magnet, der immer nur das anziehen kann, was ihm, also Ihnen, entspricht, aber auch fernhält, was ihm bzw. Ihnen nicht entspricht.

Beginnen Sie damit, ohne Anstrengungen durch das Leben zu gehen. Sie sollten vom Werken ins Wirken kommen, denn das Wirken bewirkt etwas und hat eine andere Kraft. Das Werken ist hart und setzt Anstrengung und Einsatz voraus. Das Wirken ergibt sich von selbst und geschieht in vollkommener Leichtigkeit. Lassen Sie die eine Kraft durch sich wirken, denn sie ist in allem. Sie brauchen keine Mühe und Kraft, um etwas zu erreichen, denn das, was geschehen soll, fügt sich immer ganz von alleine. Das bedeutet nicht, dass Sie nichts tun müssen, denn Sie sind ausführendes Organ. Sie handeln zwar, aber in Leichtigkeit; dies bedeutet, dass »Sie getan werden«, es geschieht durch Sie, weil Sie loslassen und vertrauen. Wahrer Erfolg ist mühelos und bringt Freude in Ihr Leben. Sie können jedes Muss aus Ihrem Leben streichen, denn es gibt keinen Zwang, außer Sie legen sich ihn selbst auf. Sobald Sie etwas tun müssen und sich zu etwas zwingen, endet das Spiel der Leichtigkeit. Der Mensch ist zwar immer bemüht vorwärtszukommen, etwas erreichen zu wollen oder sich zu verwirklichen. Ziel ist es aber vielmehr, den Augenblick bewusst zu gestalten und sich über seine Handlungen bewusst zu sein. Wohin wollen Sie sich entwickeln? Sie sind bereits das höchste Bewusstsein, außer Sie haben noch nicht durchschaut, dass Ihr Körper nur ein Werkzeug ist. Wenn Sie sich ganz auf den Augenblick einlassen, werden Sie der Leichtigkeit des Seins begegnen. Das Leben meistert man entweder spielend oder überhaupt nicht.

Leichtigkeit erzwingt, fordert und will nicht. Es ist wie mit der Liebe, sie ist ungezwungen und frei. Niemand kann von heute auf morgen gelassen durch das Leben gehen, denn alles braucht seine Zeit. Alles entwickelt sich und bewegt sich, wird bewusster und wacher – zu seiner Zeit. Zu gegebener Zeit werden wir alle in diese Mühelosigkeit und Leichtigkeit fallen. Geben wir uns also die Zeit, die wir brauchen, es ist noch kein Meister vom Himmel gefallen. Seien wir geduldig und entwickeln wir Ausdauer, dass nicht alles von heute auf morgen geschehen kann. Eines Tages wird auch für Sie der optimale Zeitpunkt kommen, und wenn Sie es nicht nur vom Kopf her wollen, sondern es auch von ganzem Herzen ersehnen, dann wird dieser Zeitpunkt jetzt sein. Das Aufwachen ist genauso richtig wie das »Weiter-vor-sich-Hinschlafen«, nur ist es weniger schmerzvoll. Alles, was geschieht, ist perfekt und gut, sonst wäre es nicht so. Es gibt unzählige Sackgassen, wir können aber auch die Abkürzung nehmen, nämlich die Hauptstraße gehen. Sie können in jedem Augenblick den Zugang zu jeder Ebene des Seins betreten, indem Sie Ihre Aufmerksamkeit vom

Außen abziehen und nach innen richten. Entscheiden Sie sich, ob Sie weiterhin das Opfer sein wollen oder ob Sie Ihr Leben in die Hand nehmen und den Schöpfungsprozess für sich nutzen wollen. Und wann entscheiden Sie sich, Ihr eigener Meister zu sein? Managen und lenken Sie Ihr Leben ab sofort selbst und zentrieren Sie sich. Treten Sie aus der persönlichen, unbewussten Ebene aus und in das unpersönliche Bewusstsein ein. Machen Sie Ihre Kräfte zu Ihren Verbündeten und erinnern Sie sich an Ihr uneingeschränktes Potenzial, indem Sie alles loslassen und sich in die Leichtigkeit fallen lassen. Leichtigkeit ist dort, wo kein Nachdenken, kein Wollen und keine Absicht vorhanden sind. Alles spiegelt immer nur Ihre Gedanken, Gefühle und Taten. Diese segensreiche Erkenntnis kann in diesem Augenblick Welten bewegen. Worauf warten Sie noch? Schauen Sie hin und entdecken Sie die Wirklichkeit in allem – als sich selbst!

Alles nur Spiegelungen
unseres Soseins

Was auch immer Sie im Leben tun, es ist Mittel zum Zweck. Wofür? Um Sie an sich selbst zu erinnern. Alles geschieht nur, damit Sie wieder zu Bewusstsein kommen und sich als denjenigen erkennen, der Sie wahrhaftig sind. Wenn Sie sich als das eine Bewusstsein erfahren haben, dann werden Sie sich selbst in jedem Gegenüber erkennen. Sie nehmen andere nicht nur als Mensch, sondern auch sein wahres Wesen wahr. Wenn Sie zu Ihrer Persönlichkeit mehr Abstand halten, dann werden Sie auch alles um sich herum unpersönlicher wahrnehmen können. Dies bedeutet weniger Ego und somit weniger Urteile und Bewertungen. Sie werden neutraler und erkennen sich selbst im anderen, weil Sie reines Bewusstsein sind.

Wir bekommen viel gespiegelt, was uns Probleme bereitet. Und fast jeder hat ein Problem oder glaubt, ein Problem zu haben. Was heißt eigentlich Pro-blem? Die Silbe »pro« bedeutet so viel wie »für«. Ein Pro-blem ist also für uns da, um an ihm zu wachsen. Es müsste ja Anti-blem heißen, wenn es gegen uns gerichtet wäre. All das, was wir als Problem bezeichnen, ziehen wir an, weil es uns etwas sagen will.

Wenn alles, was uns umgibt, die Spiegelung unseres Bewusstseins und unserer Gedanken ist, dann ist das Leben ja nicht wirklich real. Wir nennen es zwar Realität, doch jeder Mensch, ja jedes Lebewesen lebt seine ganz individuelle Wirklichkeit. Diese Wirklichkeiten haben mit der einen Realität aber nichts gemeinsam, denn die ist und bleibt unveränderlich gleich. Sie verändert sich nie und ist immer hier – sie ist das, was wir sind. Treten wir also ein in das eine Bewusstsein, aus dem heraus alles gleiche Gültigkeit hat und jegliche Einbildung der Trennung schwindet. Alles, was ist, ist ein individualisierter Ausdruck der höchsten Intelligenz. Alles, was Sie im Leben tun, wird schlussendlich auf Sie zurückfallen, weil Sie Ihre Unzulänglichkeiten gespiegelt bekommen. Je bewusster Sie leben, desto angenehmer wird die Spiegelung sein. Sie ziehen immer den Ihnen entsprechenden individualisierten Ausdruck an, mit dem Sie in Resonanz gehen und der Ihre nächste Aufgabe repräsentiert. Ausnahmslos gilt das für jede Situation, jedes Ereignis und jede Begegnung wie Lebenspartner, Freunde und Bekannte.

Oft sehen wir in Ereignissen oder Begegnungen etwas, was uns nicht gefällt. Dies ist aber nur unsere individuelle Wahrnehmung und hat mit den Situationen oder Verhaltensweisen anderer nichts zu tun. Es liegt immer an unserer Bewertung, wie wir die Dinge einordnen und sehen. Wir sind uns nicht nur unser einzig wirklicher Freund, sondern auch unser einziger Gegner. Wenn uns etwas nicht passt, was steht uns dann im Weg? Dass das andere nicht so ist, wie es ist, oder dass wir es nicht akzeptieren können? Wer sagt uns, dass wir die Dinge ständig einordnen sollen? Warum können wir nicht einfach alles so sein lassen, wie es ist? Dies bedeutet, es nicht hinzunehmen, sondern anzunehmen, dass es nicht anders sein kann, sonst wäre es nicht so. Alles hat seinen Sinn, auch wenn wir ihn nicht erkennen können. Und alles ist ein Geschenk, eines Tages werden wir das erkennen. Das oder der andere sind immer wir selbst. Man sieht den anderen zwar als getrennten Teil von sich, aber so etwas wie Trennung gibt es nicht. Das ist die persönliche Wahrnehmung, der alle Menschen unterliegen, weil wir die duale Welt mit unseren Sinnen wahrnehmen. Wenn wir den Menschen als das eine Bewusstsein begegnen, dann werden wir uns in ihnen selbst als das erkennen, was wir sind, und sie in ihrer wahren Essenz erfassen. Dann bewerten und beurteilen wir sie nicht mehr nach ihren Äußerlichkeiten und Taten.

Das Wesentliche liegt tief in den Dingen versteckt. Wir sind kaum in der Lage, alles näher zu betrachten, um die Essenz der Dinge in allem entdecken zu können. Eigentlich können wir ja auch nichts anderes als Bewusstsein entdecken, da es nichts außer Bewusstsein gibt. Wir sind also alle ein und dasselbe Bewusstsein und aus diesem Grund schaden wir uns mit jedem »negativen« Gedanken oder jeder »schlechten« Tat immer nur selbst. Alles, was wir ins Leben hineingeben, kommt zurück. Man könnte auch sagen, es ist wie ein Bumerang-Prinzip, und dieser kommt auch immer zurück. Egal, wie weit wir ihn werfen, wir entgehen ihm nicht. Es mag sein, dass sich der »andere« mit einer »anderen Hülle« im selben »Lebensspiel« aufhält, doch wenn wir erkennen, dass er nur eine Spiegelung unseres Selbst ist, wird es einfacher. Warum? Weil wir nach und nach aus einer getrennten Sichtweise in eine ganze kommen werden und dadurch im Bewusstsein wachsen. Dadurch werden wir das »So-anders-Sein« unserer Mitmenschen besser akzeptieren können, weil wir uns im anderen wiedererkennen.

Das Geschenk, das uns dann widerfährt, ist Folgendes: Wir sehen in unserem Gegenüber den Aspekt, den er uns bewusst machen will. Ein Beispiel: Vielleicht ist jemand zornig oder wütend? Dies bedeutet aber nicht, dass Sie auch wütend sind, aber wenn es Sie stört, dann zeigt es Ihnen, dass es Ihnen an Akzeptanz und Verständnis fehlt. Auch Sie tragen diesen Zorn in sich. Auch wenn Sie ihn nicht so intensiv ausleben, ist er Teil Ihres Selbst. Vielleicht lehnen Sie die Aggressionen anderer einfach nur ab, weil Sie sie als unangenehm empfinden. Auch hier heißt es hinzusehen, denn es hat einen Grund, wenn Sie sich dabei unwohl fühlen. Sind Sie nicht so? Wenn ja, warum? Lehnen Sie es ab? Reißen Sie sich zusammen oder denken Sie sich vielleicht, dass es sich nicht gehört? Alle Eigenschaften sind in Ihnen vorhanden, einige sind vielleicht besser versteckt, als andere es sind. Denken Sie in der nächsten Situation daran, dass sich der andere in dem Moment nicht anders verhalten kann, und freuen Sie sich, dass Sie als Mensch im Moment kontrollierter sind. Seien Sie dankbar, dass er Sie dadurch herausfordert, denn das Einzige, was zählt, ist Ihre Reaktion. Das Leben testet Sie ständig, und es geht immer nur darum, wie Sie reagieren. Der andere kann sein, machen, sagen und tun, was er will – bleiben Sie bei sich, denn das einzig wirklich Wichtige für Ihr Wachstum und Ihre Erkenntnis ist Ihr

Verhalten. Nehmen Sie noch etwas persönlich? Fühlen Sie sich betroffen? Sind Sie schnell beleidigt? Das alles können Sie ablegen, und es kann Schnee von gestern sein, wenn Sie sich in jedem Augenblick einer Situation, die Ihnen missfällt, daran erinnern, dass es nur um Sie geht. Um Sie ganz allein! Lassen Sie das Umfeld aus dem Spiel und sehen Sie einfach nur hin, was Ihnen das Leben Wertvolles spiegeln will. Daraus können Sie lernen und wachsen. Es ist wertvoll, sich diesen Umständen zu stellen. Beginnen Sie am besten gleich jetzt damit, es umzusetzen, zu erkennen und zu verinnerlichen. Sie werden sehen, dass es sich lohnt.

Wenn Sie diese Aufgaben nicht lösen, werden Sie immer wieder Menschen mit solchen Verhalten oder ähnlichen Situationen begegnen. Dies geschieht so lange, bis Sie Ihre Aufgaben erkannt und gelöst haben. Wenn Sie immer wieder das Gleiche erleben, sagt Ihnen das nur, dass Sie die Aufgabe bisher nicht gelöst haben. Deshalb bietet Ihnen das Leben immer wieder weitere Chancen, Ihre Lernaufgaben zu erkennen, bevor Sie den nächsten Schritt tun können. Oft stehen Sie eine lange Zeit auf derselben Stufe, bevor es weitergeht. Man könnte auch sagen, dass wir alle oft eine Ewigkeit stehen bleiben, bevor wir voranschreiten und alte Erfahrungen hinter uns lassen können. Solange eine Aufgabe nicht gelöst ist, können wir nicht weitergehen und behindern unsere eigene Entwicklung. Das Wichtigste ist daher, die darin enthaltenen Aufgaben in allen Situationen und Begegnungen zu erkennen, um sie lösen zu können. Erkennen, Annehmen und Lösen lautet der Leitsatz, den Sie auch zu Ihrem machen sollten. Doch wir sollten es langsam angehen, denn es sollte alles ausgiebig und zu Ende erfahren werden, bevor es abgeschlossen werden kann. Erleben wir also auch Augenblicke des Unmuts als wunderbares Geschenk, weil sie sehr wertvoll sind und uns etwas Unbeschreibliches lehren: nämlich uns selbst zu entdecken und zu erforschen. Deshalb gibt es allen Grund dazu, in allem Freude und Dankbarkeit zu empfinden.

Dankbar zu sein, ist eine besondere Gabe. Versuchen Sie doch einfach einmal, sich ganz bewusst bei Ihrer eigenen Entwicklung zuzuschauen. Wenn Sie das tun, werden Sie erkennen, welche Schritte Sie bereits getan haben und welche noch zu vollziehen sind. Es ist dann auch einfacher, das Geschenk des Augenblicks ganz bewusst zu erleben. Der Verstand wird Ihnen dabei sicher öfters im Wege stehen, deshalb empfiehlt es sich, nicht auf das Urteil Ihres »persönlichen Ichs« zu achten. Ihr Ego wird unangenehmen Situationen immer ausweichen wollen und nur Ihr Herz wird sich Herausforderungen stellen können.

Nur wenn Sie den Schritt aus dem persönlichen Ich ins unpersönliche Selbst wagen, werden Sie die Spiegelungen des Lebens durchschauen. Das eine Sein, das wir sind, begleitet uns auf unserem Weg durch unser Leben, und es sorgt dafür, dass wir zur rechten Zeit das »Richtige« tun. Wenn wir »erwachen« und zu Bewusstsein kommen und uns als dieses erkannt haben, werden wir alle Entscheidungen ganz bewusst treffen. Und plötzlich ist alles ganz einfach, die »Illusion des Ichs« verschwindet und das eine Selbst wird zur einzigen Realität. Ohne »Ich« ist wirklich alles ganz einfach, denn das Paradies liegt in uns.

Das Paradies liegt in uns

Der Weg ins Paradies beginnt immer damit, das loszulassen, was nicht mehr zu uns gehört. Aber wie wissen wir das? Unser Gefühl ist sich darüber im Klaren, was für uns wirklich stimmt, doch unser Verstand hält an Dingen fest, an die er sich gewöhnt hat. Sicherheits- oder Besitzdenken verführen uns dazu, alles festzuhalten und in unseren Gegebenheiten zu verweilen. Wir alle tragen das Paradies in uns, es ist der Platz in unserem Herzen. Im Paradies zu leben heißt also, seinem Herzen zu folgen und im Einklang mit sich selbst zu sein. Als Erstes sollten wir das loslassen, was uns das Leben unnötig erschwert und was den spirituellen Weg behindert. Dies sind nicht nur Gewohnheiten, Situationen und Beziehungen, sondern auch unsere hinderlichen und unschönen Eigenschaften. Dazu gehören zum Beispiel Ärger, Neid, Missgunst, Gier, Erwartungen, um nur einige davon zu nennen. Alle diese Angewohnheiten mögen recht hartnäckig wirken, weil sie immer wieder hochkommen und uns das Leben erschweren. Doch sie können jederzeit geändert werden, wenn wir damit beginnen hinzusehen und uns dessen bewusst sind. Auch Ängste und Stress stehen uns im Weg. Wenn Sie jetzt denken, dass das nicht so einfach ist, dann lassen Sie

Ihre Gedanken doch einfach beiseite. Sie stehen Ihnen nur im Weg. Wenn Sie mir nicht glauben, dass es einfach ist, erfahren Sie es am besten selbst. Sie werden sehen, dass es möglich ist, wenn Sie sich diesen Eigenschaften stellen.

Loslassen ist nicht schmerzhaft und es ist auch kein Muss. Loslassen ist das vielleicht faszinierendste Abenteuer, das das Leben zu bieten hat, denn wenn Sie *alles* Unvollkommene losgelassen haben, *sind* Sie vollkommen. Das Erste, was Sie loslassen sollten, ist Ihre Vergangenheit, denn die ist ohnehin vergangen und kommt nie mehr wieder. Dann sollten Sie loslassen, was nicht mehr zu Ihrem Leben gehört, wie überholte Gewohnheiten, aber auch Beziehungen. Was immer Sie erreichen wollen, Sie sollten alles »Bisherige« loslassen, was nicht mehr zu Ihnen passt. Lassen Sie alles Unwesentliche los und Sie werden unendlich viel Zeit für das wirklich Wesentliche haben. Lassen Sie das Urteilen los und ersetzen Sie es durch Wahrnehmung. Lassen Sie den »Ernst des Lebens« los und das Altern. Lassen Sie vor allem die Selbstvergessenheit los und ersetzen Sie alles Losgelassene durch das, was sein soll.

Wer loslassen kann, entscheidet sich für den Weg der unbegrenzten Freiheit. Der Weg führt von Ihrer Identifikation mit einer Vorstellung einer Illusion zu Ihrer wahren Identität. Es ist das Leben in der Wirklichkeit Ihres wahren Seins. Loslassen bedeutet, sich nach und nach von allen Identifikationen, also von allem, was Sie nicht sind, zu verabschieden. Dies geschieht durch die Erkenntnis, dass Sie nicht Ihr Körper, Ihr Verstand, Ihr Gefühl, Ihr Ego, Ihr Name oder Ihre Position, Ihr Unterbewusstsein sind. All das nutzen Sie oder haben Sie genutzt, aber das sind Sie nicht. Der erste Schritt ist also, die Vorstellung einer »falschen« Identität loszulassen. Sie sind nichts, was man benennen könnte. Wenn alles losgelassen ist, was bleibt dann übrig? Ihr Selbst als reine Existenz, vollkommenes Sein, als Bewusstsein an sich. ICH BIN. Sie waren und sind immer diese universelle Kraft. Sie sind weder so noch so, weder dies noch das … Sie sind das eine Sein, denn Sie sind das »ICH BIN«.

Wenn Sie alle Identifikationen losgelassen haben, sind Sie am Ziel Ihrer persönlichen Evolution, denn dann sind Sie vollkommen! Ist das geschehen, dann gibt es nichts mehr zu tun. Dann können Sie auch die Suche loslassen, Sie haben alles erreicht. In Wirklichkeit ist es kein Erreichen oder Entwickeln, es ist lediglich die Erinnerung an das, was Sie sind. Ab sofort gibt es kein Ziel mehr. Warum? Weil Sie erkennen, dass Sie nicht am Ziel angekommen sind, sondern das Ziel sind! Der Weg ist das, was das Leben ausmacht. Je bewusster Sie ihn beschreiten, desto mehr werden Sie in der Lage sein, die Suche und Ihre Programme loszulassen und sich als das eine Sein zu erkennen. Sind Sie an diesem Punkt angelangt, kann auch »das Loslassen« losgelassen werden, weil Sie damit aufhören, etwas werden zu wollen – Sie beginnen zu *sein*! So ist das Loslassen der erste und der letzte Schritt auf dem Weg zur Erkenntnis, in das höchste Bewusstsein, das Sie sind. Endlich sind Sie bei sich selbst angekommen und leben als der, der Sie wirklich sind.

Sie fragen sich jetzt sicher, wie Sie das Loslassen bewerkstelligen können. Das Loslassen besteht aus vier wesentlichen Schritten, denen Sie sich bewusst sein sollten:

1. *Was möchten Sie loslassen?*
   Definieren Sie vorerst, was Sie gerne loslassen möchten.
   Das schafft Zielklarheit und gibt Ihnen die Möglichkeit,
   dazu zu stehen, es zu erkennen und sich dem nächsten
   Schritt zu stellen.

2. *Bewusstes wahrnehmen!*
   Wenn Sie den Ärger und Ihre Ängste einfach übergehen,
   sich ihnen hingeben und sich deren Negativität in dem
   Moment, wo sie präsent sind, nicht bewusst sind, dann
   werden Sie daran auch nichts ändern können. Einen Tag
   später oder am Abend festzustellen, dass Sie sich wieder
   geängstigt haben, ist etwas zu spät. Beginnen Sie damit,
   achtsamer zu sein und jeden Augenblick bewusst zu erfahren, so können Sie sich auch Ihren Eigenschaften stellen und ihnen im Moment des Geschehens bewusst begegnen. Das bewusste Erfahren ist also ein ganz wichtiger
   Aspekt.

3. *Warum belastet Sie etwas?*
   Überprüfen Sie nun, warum Sie das, was Sie bewusst wahr-
   genommen haben, belastet. Erkennen Sie die Muster, Hin-
   dernisse, Verhaltensweisen, Fehlprogramme, Blockaden,
   Überzeugungen und Gewohnheiten, die dahinterstecken.
   Haben Sie Angst, Ihren Partner zu verlieren? Dann ist es
   die Angst, sich ungeliebt oder allein zu fühlen. Was steckt
   wirklich dahinter? Wenn Sie Ihren Job verlieren, haben
   Sie vielleicht Existenzängste. Der Jobverlust selbst ist nur
   Wegweiser und nicht die Ursache selbst. Die Dinge, die

Sie belasten, sind deswegen so unangenehm, weil Sie sie weder erkannt noch bewusst wahrgenommen und auch nicht losgelassen haben. *Woran halten Sie fest?* An alten Strukturen, die Ihnen scheinbar Sicherheit geben, die es sowieso nicht gibt?

4. *Loslassen!*

Nun können Sie alle Hindernisse beseitigen, indem Sie sich ihnen stellen und sich bewusst machen, dass Sie sie auf Ihrem Weg nicht mehr benötigen. Werden Sie sich gewahr, dass da zwar Ihre Person ist, die solche Eigenschaften mit sich herumträgt und Ängste oder Zweifel hat, dass Sie mit dieser Person aber nichts zu tun haben. Sie haben Zweifel, aber Sie sind nicht Ihre Zweifel. Sie mögen Angst haben, aber das bedeutet nicht, die Angst zu sein. Wie wollen Sie als höchstes Selbst Angst haben, wo Sie doch niemals die Erde betreten haben? Dies immer wieder zu durchschauen, bevollmächtigt Sie dazu, sich nach und nach Ihrer alten Programme zu entledigen. Gehen Sie befreit und leicht durch das Leben und lassen Sie ständig alles los, was nicht mehr zu Ihnen gehört. Nur wenn Sie es sich immer wieder bewusst machen, ganz genau hinsehen und sich als das eine Selbst erkennen, dann können Sie all das sein lassen, was Ihr Menschsein so belastet und Ihr Dasein betrübt! Versuchen Sie es. Es lohnt sich!

Wenn Sie Ihre Identität jetzt beenden und durchschauen, was Sie in Wahrheit sind, dann geschieht loslassen ganz von selbst. Es ist kein Tun und auch kein gewollter Vorgang, es ist eine Eigendynamik, die sich durch Ihre Erkenntnisse selbst einstellen wird. Sie können also im Außen nichts verändern, sondern nur Ihre Identität »wechseln«, um Harmonisierung und Veränderung zu erfahren. Ändern Sie nur eine Sache, aber nicht die verursachende Identität, wird diese die Sache immer wieder mit Energie versorgen und sich ständig neu manifestieren. Solange Sie in der Einbildung verhaftet sind, Ihr Körper, Ihre Gefühle und Gedanken zu sein, wird das Loslassen sehr mühsam und voller Anstrengung sein. Dies ist aber nicht das Loslassen, von dem ich spreche, denn auch die Identität Ihrer Persönlichkeit sollte losgelassen werden. Dies geschieht durch Einsicht und Erkenntnis, nicht durch Wollen oder Tun. Auf dem Weg zurück ins Paradies brauchen Sie auch nichts mehr zu tun, was Sie als »Arbeit« bezeichnen, weil Ihr Tun aus Freude geschehen wird. Sie werden automatisch Ihrer Bestimmung und Berufung folgen, und dies bedeutet, dass Sie nur noch das tun, was Ihnen absolute Freude bereitet. Es sind dies aber nicht Dinge, die Sie früher auch gern getan haben, sondern alles wird zur Freude. Es geht nicht darum, Vorlieben zu leben, sondern das ganze Leben, egal wie es sich auch immer zeigt, zur Vorliebe zu machen. Es gibt dann nichts mehr, was Sie als mühsam empfinden oder wozu Sie sich zwingen müssen. Jeder Handgriff geschieht mit Aufmerksamkeit, Hingabe und Glückseligkeit – die Art der Tätigkeit ist egal, weil Sie in der Freude sind und Sie nichts mehr bekümmern kann.

Gestalten auch Sie Ihr Leben neu und lassen Sie sich dafür fürstlich belohnen. Dann empfinden Sie Ihr Tun als »bezahlten Urlaub für immer« und werden Ihrem Alltag mit Leichtigkeit begegnen. Ich habe vor Jahren die Erkenntnis gewonnen, dass es keine Umstände gibt, die glücklich machen, aber es Umstände gibt, die die Lebensfreude sehr behindern können, und die sollten Sie loslassen. Auch Sie werden diese einzigartige Erfahrung machen, dass Sie »aufwärtsfallen«, wenn Sie loslassen. Ich nenne es so, weil das Leben dadurch immer leichter wird und Sie der »Leichtigkeit des Seins« begegnen. Es beginnt für Sie ein ganz neuer Lebensabschnitt, der sehr bereichernd und erfüllend sein wird.

Was bedeutet eigentlich, im Paradies zu leben? Es heißt, seinem Leben einen erfüllenden Sinn zu geben und als »Gewinner« zu leben. Das Wichtigste ist wohl, sich selbst zu lieben, erst dann können Sie allem anderen ebenso mit Liebe begegnen, denn Sie können andere nur in dem Maße lieben, wie Sie sich selbst lieb gewonnen haben.

Ab jetzt sollten Sie sich absolut darüber im Klaren sein, dass Sie nicht vorwärtskommen müssen, denn vorwärts führt nirgendwohin. Auch bedarf es keiner Übungen oder Anstrengungen, denn was nicht in Leichtigkeit geschieht, können Sie sofort beiseitelassen. Leichtigkeit ist immer. Sie ist hier und jetzt! Das Leben findet immer nur jetzt statt! Wenn Sie sich gewahr sind, dass Sie es jederzeit in eine beliebige Richtung lenken, gezielt steuern und harmonisieren können, gibt Ihnen das Stärke und Kraft. Diese Kraft ist beflügelnd und paradiesisch zugleich. Erkennen Sie, dass das Paradies in Ihnen liegt und nur darauf wartet, gelebt zu werden. Haben Sie Mut, das Spiel des Lebens zu durchschauen. Wenn Sie nach außen schauen, entfernen Sie sich von sich selbst und das Glück wird weiterhin auf sich warten lassen. Im Außen gibt es nichts zu finden, deswegen können Sie diese Suche gleich loslassen, indem Sie sie sein lassen und sich nach innen wenden.

Wollen Sie in die »richtige« Richtung schauen und das Paradies entdecken? Dann schauen Sie nur nach innen, alles andere können Sie ignorieren. Versuchen Sie, nicht nur einfach nach innen zu gehen, sondern es ganz bewusst zu tun. Mit viel Achtsamkeit und Hingabe wird es Ihnen gelingen. Die einfachste Speise wird zu einer wundervollen Erfahrung, wenn Sie sie ganz bewusst essen. Mit dem Leben ist es nicht anders. Ein bewusstes Leben ist eine köstliche Erfahrung, und dabei ist es weniger wichtig, was darin geschieht, als wie ich es wahrnehme. Es geht also nicht darum, den Job zu verändern, die Partnerschaft umzugestalten oder eine unangenehme Situation loszuwerden – es geht darum, wie Sie damit umgehen und wie Sie darauf reagieren. Wer in der Gelassenheit verweilt, von dem werden nach und nach alle Unannehmlichkeiten ganz von allein abfallen. Es ist ein Leben in Ruhe und in absoluter innerer Stille, denn die Erfüllung ist jenseits von äußeren Bewegungen. Es ist ein »Wach-Sein«, und erwacht zu sein, bedeutet zufrieden zu sein. Es ist die Unbewusstheit, die uns alle unglücklich macht. Persönliches Leben bedeutet leiden. Aufwachen bedeutet, das Leid zu beenden und das Spiel zu durchschauen – zu erkennen, was Realität und Wirklichkeit sind.

Aufwachen geschieht nicht durch Nachdenken und Analysieren, sondern einzig und allein durch Beobachten. Sobald alles aus einer tieferen Wahrnehmung heraus beobachtet wird, können Sie gar nicht anders, als sich als Ihre wahre Identität zu entdecken. Erwachen bedeutet, sich als Bewusstsein zu erfahren. Bewusstsein ist ganz da und niemals abgelenkt. Erkennen wir unsere wahre Identität, nur dann wird sich unser Lebensplan erfüllen.

Was oder wer sind wir überhaupt?
Eine gute Frage!

Ein unverzichtbarer Bestandteil eines bewussten Lebens ist die Form der Wahrnehmung. Das Beobachten ist die einzige neutrale Wahrnehmungsform. Nur durch das Beobachten können wir uns an die Frage aller Fragen herantasten. Diese Frage um unsere Identität kann weder verstanden noch begriffen werden, aber über das neutrale Beobachten können wir sie entschlüsseln. Beobachten bedeutet aber nicht still dazusitzen und die Dinge zu betrachten. Wahres Beobachten geschieht durch den Beobachter in uns. Wir nutzen zwar den Körper dazu, und die Wahrnehmung geschieht mithilfe des Körpers, aber nicht über ihn. Beobachten ist eine Wahrnehmung, die zwar über die Sinne ermöglicht wird, sie aber nicht wirklich benutzt. Dieser Vorgang kann nicht verstanden werden, erst wenn der Zeitpunkt gekommen ist, werden wir in das Beobachten fallen und es aus uns heraus geschehen lassen, ohne dabei etwas zu tun. Der Körper, unser Verstand und unser Ego sind also nicht unsere Feinde, sondern unsere Gehilfen. Wie oft hört man, dass man das Ego auflösen soll. Das ist weder möglich noch sinnvoll. Wir sollen das Ego und unseren Verstand dafür begeistern, sich mit uns auf die spirituelle Suche zu begeben, und all unser Sinnen danach ausrichten. So werden sie auf dem Weg zu uns selbst unsere Freunde und wertvolle Diener sein.

Was auch immer wir sehen, sollte wertfrei wahrgenommen, nämlich beobachtet werden. Das scheint anfangs gar nicht so einfach zu sein. Vorgeformte Meinungen, Vergleiche und Urteile sind in uns sehr stark verankert und wie schnell haben wir etwas eingeordnet und verurteilt. Wir geben den Dingen erst gar nicht die Chance, unbescholten zu sein, weil wir sie automatisch einordnen und vergleichen. Es ist erschreckend, wie wir den Dingen begegnen. Dies ohne Vorbehalte und komplett unvoreingenommen zu tun, wäre das Ziel, und das wird uns eines Tages allen gelingen. Bis dahin sollten wir uns aber bewusst sein, dass uns diese Wertungen nur im Wege stehen. Wie wollen wir uns den tiefen Lebensfragen annähern, wenn wir auch diese infrage stellen und ihnen kaum ohne Vorbehalte gegenübertreten? Ob das nun eine Frage, ein Gefühl, ein Gedanke oder die Angst ist, die uns beschäftigen, wir sind es gewohnt, ihnen mit Ablehnung und Skepsis zu begegnen. Da sind Gedanken, die uns in Besitz nehmen, oder Befürchtungen, die wir haben, das ist völlig normal. Wir sollten dem dankbar und offen begegnen und Widerstände ablegen. Auch die Freude sollten wir nicht besser behandeln als den Kummer, denn alle Emotionen habe dieselbe Berechtigung, da zu sein. Sie unterscheidet ja nichts, außer unsere Bewertungen. Die Wertigkeit ergibt sich erst dadurch, wie wir dazu stehen.

Es mag sich komisch anhören, dass wir unter negativen und positiven Gefühlen nicht unterscheiden sollten. Aber wenn wir einmal etwas genauer hinsehen, erkennen wir, dass sie alle plötzlich kommen und gehen und wir keinen Einfluss auf sie haben – weder auf die Tiefe noch auf den Zeitpunkt und auch nicht auf die Länge und Intensität. Wir sollten das Ganze demnach beobachten, das heißt aufkommen und ziehen lassen, ohne dem einen besonderen Stellenwert einzuräumen. Es ist, wie es ist, und kommt und geht. Lassen wir es sein. Indem wir es als Beobachter erleben, lösen wir uns von Reaktionen und Anhaftungen und können sogar der Angst angstfrei begegnen. Wir lösen die Angst also nicht auf, sondern wir lösen uns von der Angst, indem wir uns nicht mehr mit ihr identifizieren. Diese Distanz ermöglicht Wertfreiheit, die eine neutrale Wahrnehmung in sich trägt.

Als Beobachter zu leben macht frei und schafft Raum für das Wesentliche – für das eigentliche Sein. Dann erkennen wir, dass wir dieser Beobachter sind, der durch Raum und Zeit geht – ein Wanderer, der von einem Körper zum anderen reist und doch immer dasselbe eine Bewusstsein ist. Jedes Mal, wenn wir uns mit etwas Sichtbarem oder Spürbarem identifizieren, befinden wir uns in einer Begrenzung. Diese Begrenzung ist eine Abhängigkeit, die uns an den Kreislauf von Leben und Tod bindet. Als Beobachter sind wir ungebunden und frei und treten aus alldem heraus, was bindet und begrenzt. Wir erleben endlich, was wahre Freiheit bedeutet, weil wir uns unseres wahren Seins bewusst geworden sind.

Nachdem ich auf die Grundvoraussetzung für die Erkenntnis unseres wahren Kerns eingegangen bin, möchte ich mich wieder dieser fundamentalen Lebensfrage widmen. Durch den Weisen Ramana Maharshi wurde diese wohl erst so richtig populär und hat Millionen Menschen zum Nachdenken bewogen. Bevor man diese Frage verinnerlichen kann, stellt man sich ihr mit dem Verstand. Das ist normal, doch schon bald bemerkt man, dass einen dieser Weg nicht weiterbringt. Wer bin ich? Wer ist nun dieses geheimnisvolle Sein? Es kann nur das Bewusstsein sein, weil außer diesem Bewusstsein nichts existiert. »Unser« Bewusstsein, das, was wir sind, ist ein individualisierter Teil des einen Bewusstseins. Wer sich als dieses Bewusstsein erfährt, der erkennt, dass Bewusstsein weder krank sein noch alt werden oder sterben kann. Bewusstsein ist, war immer und wird immer sein. Es ist das einzige Wahrhaftige. Alles andere sind grobstofflich verfestigte Erscheinungen, die nur vorübergehend auftauchen. Sobald wir uns als das eine und ewige Bewusstsein erkennen, werden wir uns als die Unsterblichkeit erkennen. Es kommt der Tag, an dem sich jeder Mensch diese »Wer bin ich?«-Frage stellt. Für eine lange Zeit identifizieren wir uns mit unserem Körper. Das ist nicht schlecht, denn es ist notwendig. Der Weg zur eigenen Vollkommenheit geht immer über den Körper. Er steht uns also nicht im Weg, sondern er ist ein wichtiger Erfahrungsgehilfe. Wir sollten ihn deswegen nicht ständig mit Äußerlichkeiten und Oberflächlichkeit beschäftigen, sondern ihn ganz gezielt, liebevoll und bewusst umsorgen und nutzen.

Für das Bewusstsein sind Körper, Verstand und Persönlichkeit nichts außer Werkzeuge. Mit deren Hilfe treten wir auf der Ebene der Realität in Erscheinung und sind in der Lage, das Leben zu bestreiten. Wenn wir uns als Bewusstsein erkennen, dann sind wir sowohl das eine Sein als auch ein bewusster und ungetrennter Teil eines größeren Ganzen. Die Grenze zwischen »Ich« und »Nicht-Ich« existiert nur in unserem Verstand. Diese Illusion erscheint so perfekt, dass wir kaum über sie hinaussehen können. Wir glauben, das zu sein, was innerhalb dieser Grenze liegt, und was außerhalb ist, erscheint uns fremd. Warum ist das so? Wenn wir geboren werden, treten wir in diese Grenze ein, und das, was wir unseren Körper nennen, definiert sich über die Sinne. Die Sinne bewegen sich innerhalb der Grenzen, sie sind da, damit wir uns in der Illusion zurechtfinden können. Das, was über diese Grenzen hinausgeht, kann nur mit dem Herzen wahrgenommen werden, und da wir es gewohnt sind, alles mit unseren Sinnen zu regeln, versuchen wir, diese auch für das Grenzenlose einzusetzen. Und da stoßen wir das erste Mal an unsere Grenzen, denn das Grenzenlose kann nur mit der Seele wahrgenommen werden, und das geschieht über das Herz. Also ist das Herz auch ein Werkzeug, das uns in die Erfüllung führt. Was in der materiellen Welt besteht und ich zu besitzen glaube, kann ich zwar »meins« nennen, aber es gehört nicht zu mir. Warum? Weil ich nicht der Körper bin! Das Ich, mit dem ich mich fälschlicherweise identifiziere, träumt einen Traum, und aus diesem Traum aufzuwachen, bedarf einer Erkenntnis. Wissen hilft hier nicht weiter, da es nur im Kopf existiert. Wissen muss erfahren und erlebt werden, erst dann kann es zur Selbsterkenntnis kommen.

Wir sprechen von unserer Arbeit, unserem Geld, unserem Partner und unserem Haus. Doch wie soll das uns gehören? Es ist vergänglich und auch der Körper hat diese Eigenschaft. Wenn wir das eine Bewusstsein sind und ewig existieren, wie soll uns dann ein Haus, ein Auto oder ein Kind gehören? Sehen Sie, wir sollten die Dinge immer etwas genauer betrachten und in tiefere Schichten vordringen. Es zeugt von wenig Bewusstsein, wenn man sich mit dem zufriedengibt, was wir über die Sinne wahrnehmen können. Vieles sieht so aus, wie wir es benennen, aber so ist es nicht. Die Dinge sind nie so, wie sie zu sein scheinen. Sie sind immer anders. Wir drängen ihnen nur unsere Meinung auf und sie sind sicher nicht »unsere Meinungen«. Dann wären die Dinge ja über 6,5 Millionen Mal anders. Was hat das Leben mit mir zu tun? Das können wir uns erst fragen, wenn wir die Bedeutung um das »Mir« oder »Mich« wissen. Wenn Sie jemand fragt, wie es Ihnen geht, wie können Sie eine passende Antwort geben, wenn Sie nicht einmal wissen, wer Sie sind? Gut, Sie nehmen an, Sie sind diese Irene Friedrichsen oder dieser Frederik Larson, doch ist es möglich, ein Körper zu sein? Was haben Sie mit diesem Körper zu tun? Haben Sie das Gefühl, der Körper zu sein? Oder ein Zuhause für eine Seele? Oder die Seele selbst? Fragen über Fragen, über die es sich mehr lohnt nachzudenken als über das, was uns Kummer bereitet. Verlieren wir uns in den Tiefen und nicht im täglichen Firlefanz. Den haben wir uns ja selbst erschaffen und leben nun das selbst erschaffene Leid, das es in Wirklichkeit gar nicht gibt.

Wir nehmen das Leben über den Körper wahr, weil es unsere Sinne ermöglichen. Wenn Sie sich aber einbilden, dieser Körper zu sein, dann müssten Sie demnach auch der

Besitzer Ihres Körpers sein. Nun stellt sich die Frage, wo dieser Besitzer ist. Ist er innerhalb des Körpers oder außerhalb?

Die Sinne gaukeln uns vor, dieser Körper zu sein, und so erleben wir uns als der Körper. Wir erleben uns als das, was innerhalb unseres Körpers ist: Gefühle, Verstand und Persönlichkeit. Wenn ich Sie nun aber frage, ob Sie sich einbilden, Verstand, Gefühle oder Persönlichkeit zu sein, was antworten Sie dann? Sind Sie ratlos? Haben Sie sich schon einmal damit auseinandergesetzt? Und wenn nein, klingt es nicht interessant herauszufinden, was Sie tatsächlich sind?

Sind Sie nun Ihr Verstand und Ihre Persönlichkeit, oder nutzen Sie beides bloß? Sind Sie sich sicher, dass Sie das sein können? Und wo sind Sie, nachdem Ihr Körper gestorben ist? *Wohin* gehen Sie? Sind Sie jemals gekommen oder gegangen? Analysieren Sie diese Fragen nicht, sondern spüren Sie einfach in sie hinein. Nur mit dem Gefühl können sie erfasst und erspürt werden. Die Antwort kommt nie über den Kopf, sondern über ein tiefes Gefühl. Auf einmal wissen Sie, was Sie sind, ohne es wirklich erklären zu können. Dieses Gefühl ist stärker, als jede Antwort es sein kann, weil Sie es einfach wissen.

Wer ist das, der glaubt, so etwas wie einen Körper zu haben? In jedem Augenblick sterben in Ihrem Körper Zellen und es entstehen durch Teilung neue. Geburt und Tod sind allgegenwärtig. Ihr Körper ist vergänglich, aber das wahre Leben ist ewig. Das Leben in der Illusion ist begrenzt, das ewig existierende Bewusstsein unterliegt keinerlei Einschränkungen. Bewusstsein kennt den Tod nicht und auch nicht das Leben. Wofür Sie sich auch immer halten mögen, es ändert nichts an Ihrer wahren Identität. Ob Sie um sie wissen oder nicht: Alles bleibt gleich, nur das Leben wird mühsam und leidvoll verlaufen, wenn Sie an der Illusion festhalten. Eines Tages erkennen Sie, dass Sie in Wahrheit unsterblich sind, es immer schon waren und immer sein werden.

Das ganze Leben hat nur ein Ziel: aus dem Traum zu erwachen, wach zu sein und zu realisieren, dass wir das, was wir suchen, längst schon sind. Das Eine hat sich die ganze Zeit im Jetzt versteckt, wir haben es nur nicht erkannt, weil wir nicht hingehen können. Das Jetzt, das jedem Augenblick überall innewohnt, ist das Tor zum verlorenen Paradies. Und dieses Tor war niemals zu, es steht offen! Gab es je etwas zu suchen? Gab es nie ein Geheimnis? Es gab nie etwas anderes als das eine zeitlose Jetzt, und in diesem Jetzt liegt die Antwort auf alle Fragen. Auch Ihre Lebensabsicht ist darin enthalten. Wer still wird und seine Aufmerksamkeit darauf richtet, wird sie auch erkennen können. Und dann ist es mir auch möglich, mein Leben richtig zu führen, denn Zukunftskompetenz ist wie ein Führerschein für das Leben.

Erkennen Sie Ihre Lebensabsichten und Ihren Lebensinhalt

Jeder Mensch kommt mit einer gewissen Absicht zur Welt. Nur wenn Sie diese Absicht kennen, werden Sie wirklich glücklich werden und ein erfülltes Leben führen. Und wie erkennt man nun seine Lebensabsicht? Erspüren Sie einmal, ohne zu überlegen, wonach Ihnen ist und wozu es Sie drängt. Was fasziniert Sie, wofür interessieren Sie sich und was bereitet Ihnen Freude? Da gibt es sicher etwas, was Sie aus tiefstem Herzen gerne tun. Jeder Mensch besitzt Talente und Fähigkeiten, auch in Ihnen schlummert ein unendliches Talent. Vielleicht haben Sie es noch nicht entdeckt, oder Sie tun bereits etwas, was für Sie gar nichts Besonderes ist. Ein Talent drängt immer wieder zur Oberfläche, und es ist etwas, wovon Sie sich angezogen fühlen, weil es für Sie einfach »stimmt«.

Ein äußerst wichtiger Teil in Ihrem Leben ist Ihre Beruf-ung. Es ist zwar keine Rechenaufgabe, aber Freude und Fähigkeiten ergeben den Beruf, der Berufung ist. Ein ebenfalls sehr wichtiger Teil Ihrer Lebensabsicht sind Ihre Beziehungen, denn es sind Begegnungen, auf die Sie sich beziehen. Das betrifft Freunde ebenso wie Ihren Partner, wobei Ihr momentaner Partner meist ein Lebensabschnittspartner ist. Dieser beschleunigt jeweils die eigene Entwicklung und aus diesem Grund hat man auch selten nur einen Weggefährten. Aber wertvolle Beziehungen beziehen sich nicht nur auf Partnerschaften, sondern auf alle zwischenmenschlichen Beziehungen. Das Ego ist sehr eifersüchtig und besitzergreifend und deswegen konzentrieren sich viele Menschen auf einen Partner. Doch wenn mein Partner nicht gerne wandert, sondern lieber ins Theater geht, dann wäre es sinnvoll, eine »Beziehung« zu jemandem aufzubauen, der sich an der Natur erfreut. Weil wir uns zu wenig Freiraum geben, ist aus einer Partnerschaft schnell mal die »Luft raus«, doch mehr dazu später. Warum gehe ich hier darauf ein? Weil die meisten Menschen ihren Beziehungswunsch zur Hauptlebensaufgabe machen und sich davon sehr viel erhoffen. Sie wollen einen Partner, der sie glücklich macht, doch macht das Sinn? Dass Geben schöner ist als Nehmen, haben viele noch nicht für sich entdecken können.

Pflegen Sie nur Ihr Wollen und Ihre Wünsche? Ist es nicht Ihre Lebensabsicht, Körper, Geist und Seele zu pflegen? Die einen verlieren sich im guten Aussehen, die anderen beten den ganzen Tag zu Gott und manche pflegen ihr Wissen. Einige Menschen sind den ganzen Tag mit ihrem Körper und ihrer Gesundheit beschäftigt. Wir sollten alles vereinen, denn der Weg zur universellen Kraft führt über den Körper. Aus diesem Grund sollten wir allen Aspekten Zuwendung geben, jedoch die materiellen Verpflichtungen und Gegebenheiten nicht überbewerten. Sie sind da und sind durchaus etwas sehr Schönes, doch das Schönste ist und bleibt in unserem Herzen versteckt. Wir können es nicht herauslösen, sondern nur empfinden. Öffnen wir uns dafür, dann wird die Welt zur schönsten Nebensache der Welt.

Wissen

Wir alle haben viel gelesen, Seminare besucht und philosophiert. Jeder Mensch entwickelt seine ganz eigene Methode, sich Wissen anzueignen. Doch was nützt uns dieses Wissen? Wenn wir etwas lesen, können wir ja gar nicht wissen, ob es stimmt. Wenn wir uns unterhalten oder diskutieren, übernehmen wir Meinungen und Standpunkte von anderen. Papier ist geduldig. Allzu gern geben wir Wissen weiter, das wir irgendwo gehört oder gelesen haben. Doch wie können wir das tun? Woher wissen wir, dass es stimmt. Und dann gibt es Menschen, die sprechen aus sich heraus, brauchen keine Beweise und plappern auch nichts nach, weil sie sprechen, bevor sie denken. Es spricht durch sie, und sie wissen, dass sie die Wahrheit sagen. Fragt man sie, woher sie das alles wissen und warum sie davon überzeugt sind, dass das so ist, finden sie darauf keine Antwort. Sie können nicht sagen, woher sie das wissen, warum sie sich so sicher sind, und sie haben auch keine Beweise dafür. Doch der Zuhörer weiß automatisch, dass es stimmt. Das ist ganz eigenartig. Warum? Er fühlt sich damit wohl, und auch er weiß, dass das stimmt, auch wenn er einen Satz gerade zum ersten Mal hört.

Sie haben das vielleicht schon anhand von Büchern erlebt. Wenn in zehn Büchern etwas Ähnliches erzählt wird: Wie können Sie sich dann nur mit einem wohlfühlen? Sie mögen nur ein einziges dieser zehn Bücher, obwohl die anderen ähnliche Ansätze haben. Warum ist das so? Auch bei Büchern ist es nicht anders, als wenn Menschen etwas erzählen. Entweder kommen die Botschaften aus dem Verstand, aus Erinnerungen und zusammengesammelten Informationen oder sie stammen aus der einen Quelle selbst. Dieser Quelle haben wir uns aber verschlossen, bzw. wir haben vergessen, dass wir ja nichts anderes als sie sein können.

Viele Menschen glauben irgendwann, dass das, was sie sagen, von ihnen stammt, weil sie schon vergessen haben, wann und wo sie es gelesen haben. Sie haben es schon so erzählt, deshalb ist es auch gut nachzuvollziehen. Auch bei Büchern ist es oft gar nicht so einfach zu sagen, wer gewisse Themen oder Ausdrucksformen als Erster geschrieben hat, denn wenn Sie etwas lesen oder hören, fließt es automatisch in Ihren Sprachschatz ein. Es gibt aber auch Informationen, die einfach da sind und noch nirgendwo in dieser Form gestanden haben oder erzählt worden sind. Im morphogenetischen Feld sind alle Informationen gleichzeitig vorhanden. Hier gibt es kein Copyright, denn wer das Bewusstsein dazu hat, kann die Informationen jederzeit abfragen. Aus diesem Grund gibt es auch oft zeitgleich dieselben Erfindungen oder Ideen, oder es werden sich an Tausenden von Kilometern entfernten Orten dieselben Witze erzählt. All das hat eine energetische Ursache und ist völlig normal.

Am besten vergessen Sie also all das Wissen, was Sie bis jetzt so sorgfältig zusammengetragen haben, denn es steht Ihnen nur im Weg. Sie brauchen es nicht zu wissen und in Ihrem Kopf umherzutragen, sondern es einfach nur anzuwenden. Denken Sie immer daran: Ungelebtes Wissen ist verlorenes Gut!

Partnerschaft und Liebe

Das große Glück finden wir nicht in der Partnerschaft, sondern in uns selbst. Sind wir erst einmal in uns glücklich, werden wir auch eine harmonische Partnerschaft erleben können. Viel Liebe von unserem Partner zu bekommen ist etwas Wunderbares, doch dies ist nicht die universelle Liebe. Es sind Gefühle und Zuneigung, die das Herz höher schlagen lassen. Solange wir Anforderungen stellen, im Besitzdenken Erwartungen haben, ist es eine zwischenmenschliche Liebelei, denn wahre Liebe ist ungebunden und frei. Setzen wir deshalb alles daran, dass unsere Fähigkeit zu lieben immer umfassender wird. Dann können wir die Zweisamkeit wirklich genießen, ohne Anforderungen zu stellen. In der »Kunst zu lieben«, das heißt wahre Liebe zu entwickeln, liegt der ganze Sinn des Lebens. Wahre Liebe kann nie unglücklich sein oder enttäuscht werden, denn der andere kann mich nicht daran hindern, ihn im Herzen zu fühlen. Wenn aber ein Habenwollen ins Spiel kommt, dann beginnt die Beziehungskiste ihre Eigendynamik zu entwickeln und wird von Eifersucht und Bevormundung begleitet. Liebe ist ein Weg, auf den man sich miteinander macht, um letztlich bei sich selbst anzukommen. Es beginnt immer traumhaft und wir sehen die Welt rosarot. Wenn die erste Verliebtheit verflogen ist, wundert sich der andere, warum man sich so verändert hat. Man hat sich nicht geändert, sondern beginnt so zu sein, wie man tatsächlich ist. In der Phase des Verliebtseins verstellt man sich meistens, um dem anderen zu gefallen und um Eindruck zu machen. Irgendwann, wenn man glaubt, den Partner ganz sicher zu »besitzen«, strengt man sich nicht mehr so an und ist wieder so, wie man vor der Beziehung war. Wir gaben dem Partner aber nie die Chance, uns so kennenzulernen, wie wir sind. Verstehen Sie nun, was ich damit sagen will?

Eine Beziehung kann immer nur so wunderbar sein, wie man selbst wunderbar ist. Beginnen Sie deshalb, ein idealer Partner zu sein, damit auch Ihre Beziehung ideal verlaufen kann. Wenn Sie die Kunst beherrschen, aus einem ganz normalen Alltag etwas ganz Besonderes zu machen, dann sind Sie auf dem richtigen Weg. Am glücklichsten ist die Beziehung von zwei Glücklichen. Es reicht nicht aus, wenn einer nach Glück sucht, sondern wenn beide das Glück in sich selbst entdecken und den Weg gemeinsam gehen, um wertvolle Erfahrungen zu sammeln. Wer unbedingt einen Partner will oder braucht, der ist nicht wirklich frei. Natürlich kann man sich einen Partner wünschen, aber man sollte mit und ohne ihn glücklich sein. Erst wenn Sie die Kunst des Alleinseins beherrschen, sind Sie wirklich frei und bereit für eine erfüllende Beziehung. Eine Beziehung spiegelt unsere Disharmonien und Harmonien wider und entspricht ganz unserem Wesen. Sie können also nie den falschen oder richtigen Partner kennenlernen, denn Sie ziehen das an, was Sie an Erfahrung brauchen.

Gesundheit

Gesundheit ist wohl unser wertvollstes Gut. Es gibt keine Regelung, die besagt, was für alle Menschen gut ist. Jeder Mensch sollte seinen ganz individuellen Ernährungs-, Bewegungs- und Gesunderhaltungsplan entwickeln. Dafür gibt es kein Rezept. Aber Ihre Intuition ist Ihr Rezept, denn sie sagt Ihnen genau, was Ihnen guttut, was Sie brauchen und was Sie besser vermeiden sollten. Sie brauchen nichts zu tun, um das Leben zu verlängern oder um gesund zu bleiben, Sie sollten nur damit aufhören, es durch ein unnatürliches Leben, durch eine negative Lebenshaltung und durch eine ungesunde Ernährung zu verkürzen. Das heißt nichts anderes, als wirklich »bio-logisch« zu leben. Dazu ist es wichtig, die Botschaften Ihres Körpers zu erkennen und anschließend zu befolgen, denn er zeigt Ihnen immer, was für Sie richtig ist. Es ist ratsam, das Not-wendige zu tun, bevor Sie körperliche Probleme bekommen. Wer rechtzeitig auf die Sprache seines Körpers hört und seine Ernährung und Bewegung optimal ausrichtet, braucht nicht erst damit anzufangen, wenn es fast schon zu »spät« ist. Gesundheit ist unser natürlicher Zustand, wenn wir das »Falsche« lassen und das »Richtige« tun. Nur haben viele Menschen verlernt wahrzunehmen, was gut für sie ist. Oft wissen sie es, tun es aber nicht und wundern sich dann darüber, wenn der Körper in Bedrängnis gerät. Er zeigt uns ja nur auf, wo unsere Schwachstellen sind und was wir tun oder ändern können. Doch auch das scheinen viele von uns zu ignorieren.

Hinter jeder körperlichen Disharmonie, die wir Krankheit nennen, steht immer ein ungelöstes Problem. Viele Menschen wollen nichts dazu beitragen, um gesund zu werden, sie wollen nur keine Beschwerden mehr haben. Viele beschweren sich über Übergewicht, und wenn man ihnen dann zum Beispiel sagt, sie sollten sich für drei Wochen vegan ernähren, dann schauen sie ganz verdutzt. »Dann kann ich ja dies und das nicht mehr essen«, kommt dann als Antwort. Wollen Sie nun abnehmen oder gesund werden oder weiterhin die falsche Nahrung in sich hineinstopfen? Es ist Ihre Wahl! Dies hat nichts mit Zwang oder müssen zu tun. Je bewusster der Mensch ist, desto bewusster werden sein Lebenswandel und seine Ernährung sein. Dann stehen lebendige und frische Nahrung auf dem Speiseplan und tote Nahrung und Fertigprodukte werden nach und nach vom Menüplan verschwinden. Die Ernährung liefert nur einen geringen Teil, um sich für das Erwachen zu öffnen. Je leichter und »artgerechter« die Ernährung ist, desto empfindsamer werden wir. Um die einzige Realität zu erfahren, gilt es, dem Herzen zu folgen und die Augen für das Unsichtbare dieser Welt zu öffnen.

TEIL 2

Praxisorientierte
Zukunftskompetenz

»Schöpferische Imagination« bedeutet, Schöpfer zu sein

Erschaffen Sie Ihr Leben

Wer schon Bücher von mir gelesen hat, wird sicher schon über die schöpferische Imagination gestolpert sein. Sie ist das Werkzeug für ein selbst gestaltetes Leben und die Ursache für eine ganz bestimmte Wirkung, die Sie erreichen wollen. Es ist eines der wichtigsten Werkzeuge, um das Leben so zu steuern, wie Sie es gerne haben möchten. Schöpferische Imagination dient also dazu, um Ihre Wünsche zu verwirklichen und Ihre Träume zu leben. Es ist kein Geheimnis, wie man seine Zukunft bewusst gestaltet, ganz im Gegenteil, ein jeder kann dies tun. Es gibt keinen Menschen, der nicht die Möglichkeit hätte, seine Schöpferkraft für sein Leben zu nutzen. Die schöpferische Imagination ist ein ganz einfaches Instrument, und Sie brauchen nichts anderes zu tun, als lediglich Ihren Geist, Ihr Vorstellungsvermögen und Ihre Emotionen ganz gezielt einzusetzen. Es geht darum, sich etwas vorzustellen, vorzufühlen und vorzuerleben, damit sich der Wunsch als Ereignis oder als Begegnung, als Ihre Realität manifestieren kann. Bewusste schöpferische Imagination ist die Transformation einer Idee in die individuelle Realität. Es ist eine Transformation, die das auf der Ebene des Geistes Vorhandene auf der Ebene der Materie manifestiert und somit sichtbar macht.

Schöpferische Imagination ist wirklichkeitsschaffende Energie. Es ist der bewusste Schritt von einer Vorstellung zur geistigen Schöpfung. Durch die schöpferische Imagination bekommt eine Idee die erste klare Form, in der sie Form annehmen kann. Dieses geistige Erschaffen ist ein In-Besitz-Nehmen einer Zukunftsvision, die man sich wünscht. Was immer Sie geistig in Besitz nehmen, wird in Ihr Leben treten und Ihr Leben erfüllen. Mit der schöpferischen Imagination erschaffen Sie einen erwünschten Endzustand und machen aus einer Möglichkeit der Zukunft erlebte Realität der Gegenwart. So wird eine Möglichkeit zur Tatsache und Träume werden nicht Träume bleiben. Wer das Werkzeug der Imagination meisterhaft anwendet, blickt nicht wie ein Zuschauer auf das Ereignis, sondern er lässt es zurückblickend geschehen. Sie betrachten das Ziel, als ob Sie es schon längst erreicht hätten. Das ist das ganze Geheimnis. Es ist ein Imaginieren vom Ergebnis aus und der Beginn aller Wunder. Realität ist der Abdruck unseres Soseins. Sie entsteht immer in uns und nur wir formen sie. Wenn wir sie auf allen Ebenen des Seins vorerleben, ziehen wir sie in unser Bewusstsein, welches das Erlebte in Erscheinung treten lassen wird. Was auch immer Sie in Ihrem Leben erleben wollen, Sie werden es schneller, leichter und zuverlässiger erreichen, wenn Sie damit beginnen, es imaginativ zu erleben. Dies geschieht, indem wir uns auf allen Ebenen, also gedanklich und emotional, bereits am Ziel befinden, bevor das Erwünschte begonnen hat. Es beginnt auf der feinstofflichen Ebene zu entstehen und realisiert sich dann automatisch auch grobstofflich.

Machen auch Sie sich auf den Weg, Ihre Wünsche zu erleben, bevor sie sichtbar geworden sind. Hier kommt mein Motto »Erst gewinnen, dann beginnen!« zum Tragen. Bevor Sie also etwas anfangen, wird es geistig in Besitz genommen, um es für sich zu reservieren. So machen Sie es sich zu eigen. Durch das Imaginieren ist es auf der Kausalebene bereits vorhanden, um sich manifestieren zu können. Es gibt nichts, was in Ihr Leben tritt, was nicht vorher auf der Kausalebene vorhanden ist. Vielleicht ist Ihnen das nicht bewusst, weil Sie ständig ganz unbewusst Ursachen setzen, deren Wirkungen Sie sich nicht vorstellen können. Sie sollten also damit beginnen, ganz gezielt Ursachen zu setzen, deren Wirkung Sie sich wünschen und erträumen. Jeder Gedanke, jede Emotion, jedes Wort und jedes Gefühl erzeugt Wirkungen und dieses Gesetz sollten wir uns zum Verbündeten machen. Immer enttäuscht zu sein, dass im Leben nur Dinge passieren, die man so eigentlich nicht haben wollte, reicht nicht aus. Beginnen Sie damit, Schöpfer zu sein, und am besten gleich jetzt, bevor Sie wieder einer Wirkung erliegen, die Ihnen gar nicht in Ihr Konzept passt.

Überprüfen Sie einmal, ob Ihnen das Schöpfungsinstrument »Imagination« zur Verfügung steht:

- Schließen Sie die Augen und stellen Sie sich eine Rose vor.
- Nun überprüfen Sie, wie klar Sie diese Rose vor sich sehen können.

- Welche Details nehmen Sie wahr?
- Sehen Sie die Farben und die Form?
- Riechen Sie vielleicht sogar den Duft?
- Erfreuen Sie sich an ihrer Schönheit?
- Ist das Bild klar oder eher verschwommen?
- Ist es anstrengend oder geht es ganz leicht?
- Nehmen Sie die Rose in die Hand und berühren Sie sie?
- Hat sie Dornen?
- Wie fühlt sie sich an?

Lassen Sie die Bilder kommen und gehen, halten Sie sie nicht fest und versuchen Sie, sie nicht zu beeinflussen. Beobachten Sie, was die Rose in Ihnen auslöst und welche Bilder in Ihnen hochkommen. Können Sie spielerisch auf die Bilder zurückgreifen und sehen sie diese ganz klar vor sich? Dann haben Sie sich die natürliche Fähigkeit der Imagination bewahrt. Wenn es Ihnen Schwierigkeiten bereitet, die Bilder zu sehen, dann sollten Sie sich immer wieder etwas vorstellen, um die Vorstellung wieder in Ihnen zu erwecken. Jeder Mensch hat diese Fähigkeit in sich, doch sie kann etwas in Vergessenheit geraten sein. Stellen Sie sich deshalb tagtäglich, wenn möglich mehrmals, so lange etwas vor, bis Sie die Bilder vollkommen klar und lebendig vor sich sehen. Es sollte so sein, als ob sie Wirklichkeit wären. Wenn Sie im Moment nicht in der Lage sind, auf die Bilder zurückzugreifen, ist das nicht weiter schlimm. Es zeigt Ihnen nur, dass Sie diese natürliche Fähigkeit aus Ihrem Leben verdrängt haben, weil Sie ihr keine Achtsamkeit geschenkt haben. Es ist nicht möglich, diese Fähigkeit nicht zu haben, Sie haben sie nur verlernt, ignoriert und sich mit anderen Dingen beschäftigt, die Ihnen vielleicht wichtiger erschienen. Das ist aber nicht weiter wichtig und sollte Sie auch nicht beunruhigen. Alles, was Sie verlernt haben, können Sie wieder erlernen, wenn Sie sich ausführlich und kontinuierlich darum kümmern. Machen Sie die Vorstellung einer bestimmten Sache oder eines Ereignisses zum täglichen Ritual, bis Sie es wieder klar erkennen können.

- Sie holen sich ein erwünschtes Ereignis in Ihr Bewusstsein.
- Sie stellen sich das Ereignis bildlich und so klar wie möglich vor.
- Sie erleben alle Einzelheiten und Details dieses Ereignisses.
- Sie fühlen es so, als wäre es jetzt Wirklichkeit.
- Sie gehen ganz darin auf und freuen sich über das Geschehnis.
- Es manifestiert sich auf der Kausalebene.
- Sie bedanken sich für die gesetzte Ursache, die nun Wirklichkeit werden darf.
- Erfüllen Sie sich mit Dankbarkeit und lassen Sie es los.
- Zweifeln Sie nicht oder denken Sie sich nicht, dass es nicht passieren kann, ansonsten bestellen Sie dieses Ereignis zielsicher wieder ab.
- Vertrauen Sie!
- Wenn Sie kurzfristig zweifeln, imaginieren Sie einfach wieder neu.

Schöpferische Imagination geschieht über die Vorstellung, zuerst über das Bild, dann über die Emotion, anschließend über das bewusste Wahrnehmen und Erleben und über die abschließende Dankbarkeit, die das erlebte Ziel des *Ist*-Zustandes besiegelt. Durch schöpferische Imagination wird ein Wunsch zur Absicht und die Absicht schließt die Möglichkeit der Nichterfüllung aus. Eine unpersönliche Absicht erzeugt die Energie der Gewissheit der Erfüllung. Der größte Teil Ihrer Zukunft liegt noch ungeformt vor Ihnen, kann aber jederzeit umgeformt werden. Nutzen Sie das wunderbare Werkzeug der schöpferischen Imagination, um nicht länger Gefangener Ihrer Lebensumstände zu sein.

Über die Erinnerung
zur Wahrnehmung kommen

Eine kleine Erinnerung

Jedem ist es möglich, sich an den Beginn des heutigen Tages zu erinnern. Aber obwohl diese Erinnerung noch sehr lebendig ist, ist sie doch sehr lückenhaft, sobald wir versuchen, uns an die geringsten Kleinigkeiten zu erinnern. Ganz unmerklich wird diese Erinnerungslücke dann von der Wahrnehmung geschlossen.

Machen wir das doch einmal praktisch. Erinnern Sie sich einmal an den Beginn des heutigen Tages, und zwar in allen Einzelheiten: Es beginnt mit dem Augenblick des Aufwachens. Was ist das Erste, an das Sie dabei denken? Was ist Ihre erste Bewegung? Machen Sie sich jede Einzelheit bewusst. Am besten schauen Sie sich dabei zu und sehen, wie Sie diese Bewegung ausführen. Mit welcher Hand, in welcher Reihenfolge haben Sie etwas getan? Lassen Sie den Film der Erinnerung wie in Zeitlupe ablaufen. Machen Sie sich so bis zum Zeitpunkt des Aufstehens jede Einzelheit bewusst:

- Mit welchem Fuß steigen Sie zuerst aus dem Bett? Wie gehen Sie ins Bad?
- Was tun Sie dort zuerst?

- Lassen Sie jede Einzelheit ganz deutlich werden. Wie viel Zahncreme nehmen Sie auf die Zahnbürste? Wie ist die Creme geformt?
- Schmecken Sie noch einmal die Zahncreme.
- Machen Sie sich Ihre Bewegungen beim Zähneputzen bewusst.
- Putzen Sie zuerst hin und her oder rauf und runter?
- Wie oft machen Sie das?

Sehr schnell ist dabei die Erinnerung überfordert, weil der Verstand viele Einzelheiten nicht für »merk-würdig« hält und löscht. Hier springt ganz unmerklich die Wahrnehmung ein, und beim »Er-leben« können Sie sich an alle Einzelheiten ganz deutlich erinnern, weil die Wahrnehmung nichts »löscht«, sondern ständig und umfassend wahrnimmt, was geschieht. Das heißt, auf diesem Weg überfordern Sie absichtlich Ihr Erinnerungsvermögen, um ganz natürlich in die Wahrnehmung zu kommen. Dies ist eine natürliche Fähigkeit eines jeden Menschen, die nur nicht bewusst wird, weil der laute Verstand mit dem Erinnerungsvermögen sich »vordrängt« und die Wahrnehmung, die ständig stattfindet, übertönt. Sobald er aber nicht weiterweiß, entsteht der Freiraum für die Wahrnehmung der Wahrnehmung. Sobald die natürliche Fähigkeit der Wahrnehmung so wieder bewusst geworden ist, kann sie jederzeit ins Bewusstsein treten, sobald die Aufmerksamkeit darauf gerichtet wird.

Sie können jederzeit ganz bewusst in die Wahrnehmung eintreten. Dabei erkennen Sie, dass Sie wirklich
alles wahrnehmen können. Das, was in diesem Augenblick
irgendwo an einem ganz anderen Ort geschieht, ebenso
wie das, was zu irgendeinem Zeitpunkt irgendwo geschehen
ist. Sogar das, was in Zukunft irgendwo geschehen wird.
Das ist möglich, weil in Wirklichkeit alles jetzt geschieht und
die scheinbare Linearität der Zeit nur eine Illusion ist.
Wahrnehmen kommt aus dem Bewusstsein, und da das
individuelle Bewusstsein ein ungetrennter
Teil des Allbewusstseins ist, ist Wahrnehmung
allumfassend.

Finden Sie Ihr »wahres Gesicht«
Zur Selbsterkenntnis

Es ist das Gesicht unseres Wahren SEINS.

Es ist gleichzeitig das Gesicht des EINEN SEINS.

Es ist das Gesicht des EINEN DER IST.

Schauen Sie in einen Spiegel und schauen Sie sich in die Augen, bis Sie sich selbst aus Ihren Augen anschauen. Während Sie sich selbst in die Augen schauen, spüren Sie Ihr wahres Wesen, das ewige Sein, das Sie sind. Und auf einmal sehen Sie Ihr wahres Gesicht. Schauen Sie Ihrem Spiegelbild in die Augen und durch die Spiegelbildaugen in die Ferne. Während Sie den Fokus halten, wechseln die Gesichter, bleiben irgendwann stehen, und da sind nur noch Augen, die Sie anschauen. Wenn Sie blinzeln, ist es allerdings vorbei. Das, was Sie sehen, sind Ihre wahren Augen.

Gestatten Sie sich einfach einmal, so zu sein, wie Sie sind. Echt, ehrlich und authentisch. Spüren Sie einmal, wie sich Ihr wahres Sein anfühlt. Erleben Sie, wie die Menschen auf Ihr wahres Sein reagieren. Fühlen Sie einmal, ob Sie sich in Ihrem wahren *Sein* wohlfühlen. Bleiben Sie doch echt, ehrlich und authentisch. Machen Sie das so lange, bis es ganz natürlich ist. Ganz natürlich zu sein ist erfrischend, aber es erfordert Mut, vor allem aber ist es wahr und fühlt sich gut an. Wir fragen uns, warum wir uns das so lange vorenthalten haben. Es gibt nur ein Bewusstsein, Bewusstsein ist nicht teilbar. Und dieses eine Bewusstsein ist das, was Sie sind. Es ist Ihr Bewusstsein, denn es ist sonst niemand da. Nun, einen von uns beiden gibt es wirklich. In der Gedankenstille fühlt man sich keineswegs fremd oder gar verloren, sondern »zu Hause angekommen«. Befreit von dem Denken, das ohnehin nur an der Oberfläche des Lebens herumplätschert, und man nimmt wahr, was Leben wirklich ist.

Das bewusste »Gewahrsein« ist mühelos, friedlich, allumfassend und unterliegt weder Geburt noch Tod. Es ist autonom und in sich vollkommen und vollständig. Sobald ein Mensch seine Aufmerksamkeit auf die geistigen Werte richtet und entsprechenden Informationen folgt, beginnt »An-Wesenheit«, sein Leben zu erfüllen. Es ist der Schritt vom »denkenden Geist« zum »gewahren Geist«. Wahrheit braucht kein Argument und auch keinen Beweis, denn sie beweist sich – aus sich selbst heraus – selbst.

Nehmen Sie Ihr Leben selbst in die Hand
Eine kleine Hilfestellung

Zuerst geht es einmal darum zu erkennen, dass nur Sie in der Lage sind, Ihr Leben zu führen. Zunächst ein Gespräch, eine Situation, eine Beziehung oder eine Firma, letztlich Ihr Leben. Dazu gehört Zielklarheit, denn wenn Sie führen wollen, brauchen Sie ein klares Ziel. Erschaffen Sie sich ein positives Selbstbild und positive, hilfreiche Überzeugungen, denn jedem geschieht nach seinem Glauben, das ist ein Gesetz. Lernen Sie den optimalen Umgang mit Krisen, Problemen und Schwierigkeiten, um sie als Chance für ein besseres Erkennen zu nutzen. Es gilt zu erkennen, dass jedes Problem die optimale Lösung bereits enthält und nur eine Botschaft vom Leben ist, dass eine Änderung *not*-wendig wäre. Die Wirklichkeit kennt keine Probleme, sie stellt uns lediglich Aufgaben bereit, und die bestehen oft darin, etwas Falsches oder Überholtes, etwas nicht mehr Stimmiges aufzugeben. Dazu gehört, als Ihr eigener Lebensgestalter zu wirken und sich als ein »Zukunftsdesigner« auszudrücken. Es sollte in allen Aspekten des Lebens die optimale Lebensqualität geschaffen werden. Aus dem Beruf heraus und lieber in der Berufung selbst, die Erfüllung zu finden. Ein Beruf ist etwas, wofür man lebt, nicht wovon man lebt. Geld muss nicht verdient werden, sondern kann auch eine Ernte für wohlwollendes Saatgut sein, welches Sie zuvor ausgelegt haben. Pflegen Sie die Kunst, die richtigen und optimalen Entscheidungen zu »treffen«, um dem Leben die richtigen Anweisungen zu geben.

Folgende Punkte sollte ich beachten, wenn ich ab sofort mein Leben selbst gestalten will. Ich erschaffe mein »individuelles Programm«, indem ich mir folgende Fragen beantworte:

- Ist das Leben, das ich lebe, wirklich mein Leben?
- Was wäre denn mein Wunschtraum?
- Habe ich überhaupt einen Wunschtraum? Warum habe ich ihn noch nicht erfüllt?
- Was ist zu tun, um die Hindernisse zu beseitigen? Wie kann ich meinen Wunschtraum verwirklichen? <u>Will ich wirklich oder »möchte« ich bloß?</u>
- Bin ich bereit, jetzt den ersten Schritt zu tun? Welche Konsequenzen ergeben sich daraus?
- Welche konkreten Schritte sind zu tun?
- Verspreche ich mir durchzuhalten, bis mein Ziel erreicht ist? *Ist es nicht ein schönes Gefühl zu wissen, dass ich endlich »auf dem Weg« bin?*
- Schwierigkeiten auf dem Weg sind nur Auf-Gaben.
- Was habe ich loszulassen, bevor ich meinen Wunschtraum verwirklichen kann?
- Welche verschiedenen Ziele ergeben sich aus meinem Wunschtraum?
- Welche Prioritäten setze ich?

- Was sind die Werte, die mein Handeln bestimmen? Entsprechen sie mir noch?
- Macht mir die Verwirklichung meines Wunschtraums Freude? Was müsste sein, damit es mir noch mehr Freude macht?
- Wie kann ich es mir im Leben noch leichter machen?
- Habe ich meine Traumfigur, den Erfolg, den ich mir wünsche? Lebe ich in einer wirklich erfüllenden Beziehung?
- Lebe ich im Wohlstand?
- Bin ich richtig gesund?
- Was fehlt noch zu einem wirklich erfüllten Leben?
- Mein Lebensmotto: erst gewinnen, dann beginnen.
- Meine Erkenntnis: Auch der »Zufall« unterliegt dem »Gesetz von Ursache und Wirkung«! Das Leben ist »wundervoll«!
- Warum verwirkliche ich nicht meinen Wunschtraum? Reich kann man nicht werden, reich muss man sein! Wohlstand muss man sich nicht »erarbeiten«!
- Ich kann jede gewünschte Zukunft »wählen«!
- Ich kann gar nicht »nicht« wählen. Mein Sosein ist die Wahl. Indem ich mein Sosein ändere, treffe ich eine andere Wahl.
- Alle Ereignisse sind im Universum bereits als Möglichkeit gespeichert und können von mir »in Erscheinung« gerufen werden, indem ich wähle und dem Leben die entsprechenden Anweisungen gebe.
- Ich konzipiere und manifestiere mein Leben ganz neu.
- Ich bestimme mein Leben wirklich selbst und überlasse nichts dem sogenannten »Zufall«. Schicksal ist »Mach-sal«

und damit eine Chance. Alles loslassen, was mich noch von mir selbst trennt. Eine Liste machen: Was gefällt mir nicht an meinem Leben? Welche Hindernisse, Erwartungen, Enttäuschungen hat es?

- Ich befreie mich aus dem »Gefängnis der Gegebenheiten«.
- Ich erstelle meine »Lebensbilanz«. Was ist mein Jetztzustand und was sind meine Ziele?
- Ich mache mir einmal bewusst, wer und was in meinem Leben eine Rolle spielt, und überprüfe, ob ich das wirklich will. Aber auch, was eventuell in meinem Leben fehlt oder was einen höheren Stellenwert haben sollte, werde ich hinterfragen. Was sind bisher meine wichtigsten Lebensstationen und welche sollen noch folgen? Was ist jetzt zu tun, damit meine Vorhaben gelingen?

Ob ich mein Leben nun selbst in die Hand nehme oder es unbewusst laufen lasse: Ich werde immer Umständen begegnen, die ich aus menschlicher Sicht als Problem bezeichnen werde. Es geht nicht darum, Probleme loszuwerden, sondern sich deren Ursachen etwas genauer anzusehen. Jetzt kommt die spannende Frage: Wie gehe ich mit Problemen um?

Fast alle Menschen haben immer wieder einmal Probleme, obwohl es gar keine Probleme gibt. Der Mensch mag Situationen, Umstände und Ereignisse als Probleme empfinden, doch sind Sie sich sicher, dass Sie derjenige sind, der unter diesen Problemen leidet? Ist es Ihr Ich oder Ihr Selbst? Ja, das Ich kann leiden, doch wie steht es um Ihr Selbst? Was sind Sie wirklich?

Jedes Problem ist ein »Geschenk des Lebens« an Sie und eine Auf-Gabe, die immer eine Gabe enthält. Das Leben erwartet eine Lösung, damit es mir eine neue Aufgabe stellen kann, an der ich wachse und reife. Ich sollte Probleme, die in mein Leben treten, als Auf-Gaben anerkennen, um mich ihnen zu stellen. Nur so können sich Wünsche erfüllen und Ziele erreicht werden. Das Loslassen von Erwartungen und Zwängen ist notwendig, damit ich dem Leben für seine neue Entwicklung Platz einräumen kann. Aber wie erkenne ich meine Lektionen und wie setze ich sie um? Indem ich die Ursache für unerwünschte Situationen erkenne und sie dann auflöse. Jede Schwierigkeit, alle Zeit sowie das Leben kommen und gehen, weil sie einem natürlichen Wandel obliegen. Sätze wie »Das ist aber nicht leicht.« oder abzuwarten bringen mich nicht wirklich weiter. Womit und wozu mache ich es mir denn nur so schwer? Also nicht abwarten, sondern etwas tun!

- Ich stelle mich der Situation.
- Ich lasse geistigen »Sperrmüll« los.
- Ich erlöse meine Schatten.
- Ich erkenne den Meister in mir.
- Ich erkenne Krisen als Chance und nutze sie.
- Ich nehme die Vergangenheit an und lasse sie los.
- Ich lebe nicht in der Zukunft, sondern gestalte in diesem Augenblick meine Zukunft neu, indem ich meine ganze Aufmerksamkeit auf den Augenblick lenke.
- Ich verinnerliche, dass ein Problem in Wirklichkeit nur Ursache und Wirkung darstellt.

- Ich führe mein Leben selbst: Wer ist mein Chef? Die anderen? Das Leben oder ich selbst?
- Ich versuche die Botschaft des Lebens zu erkennen. Was will es mir sagen? *Beispiel: Ich verliere meinen Job. Warum ärgere ich mich? Vielleicht passt er nicht mehr zu mir? Vielleicht hält das Leben jetzt meine wahre Berufung für mich bereit? Meine Erkenntnis: Das Arbeitsverhältnis hätte sich nicht gelöst, wenn es noch zu mir gehören würde.*
- Ich erweitere meinen Horizont: Es geht nicht darum zu sehen, was ich nicht habe, was mein Leben stört oder mir im Weg steht, sondern welche Chancen jetzt da sind!
- Ich vertraue vollkommen darauf, dass es das Leben in jedem Augenblick gut mit mir meint!

Jede Krise ist immer eine Chance zum Besseren, aber nur, wenn Sie sich dessen bewusst sind und Ihre Chance erkennen und nutzen. In eine Krise komme ich, wenn ich versuche, etwas zu halten, was nicht mehr zu halten ist. Das Wort »Krise« bedeutet Entscheidung. Wenn Sie wirklich jede Krise als Chance erkennen und nutzen, gehen Sie »unbeeindruckt« durch das Leben. Bestimmen Sie ab sofort das Ziel, den Weg, die Schritte und Ihren Erfolg, indem Sie achtsamer sind, die Dinge genauer betrachten und im Hier und Jetzt leben.

Das Leben als »Entdeckungsreise zu sich selbst«

16 Grundsätze auf dem Weg zur Erkenntnis

1. Dieses Leben findet nur zu Ihrer Freude statt, denn es ist ein Spiel. Wann immer Sie sich nicht freuen, machen Sie etwas falsch.

2. Erkennen Sie die »Wirklichkeit hinter dem Schein« und erleben Sie ganz bewusst die »Schönheit des Augenblicks«.

3. Lernen Sie, das Leben auch in Schwierigkeiten zu »zelebrieren«. Schaffen Sie sich ganz bewusst auf allen Ebenen eine Form von Lebensqualität.

4. Schaffen Sie sich Zeiten der Muße.

5. Entwickeln Sie »soziale Intelligenz«.

6. Schaffen Sie sich eine individuelle »energetische Signatur«. Werden Sie eine »gewinnende Persönlichkeit«.

7. Lernen Sie den Augenblick wirklich zu erfüllen, ein erfülltes Leben besteht aus vielen erfüllten Augenblicken.

8. Das Leben meistert man spielend oder überhaupt nicht.

9. Sie wissen, dass in jedem Augenblick etwas ganz Besonderes passieren kann. Erkennen Sie, dass alles etwas ganz Besonderes und Einmaliges ist!

10. Entwickeln Sie die Fähigkeit, aus einem ganz normalen Alltag etwas Besonderes zu machen.

11. Finden Sie Ihren ganz eigenen Rhythmus und leben Sie ihn.

12. Was muss geschehen, um am Ende sagen zu können: Ich habe wirklich gelebt?

13. Sie eignen sich an, ein liebevolles Miteinander zu leben und zu sich selbst liebevoll zu sein.

14. Sie sind bereits am Ziel, bevor Sie sich auf den Weg machen. Sie denken, reden, fühlen und handeln vom Ziel aus.

15. Seien Sie in Ihr Selbst verliebt und nicht in Ihr Ego. Die Ausrichtung zur universellen Kraft ist das einzig wahre Ziel, um vollkommen zu sein.

16. Genießen Sie das Miteinander im »Spiel des Lebens«, und leben Sie allen vor, was es bedeutet, stimmig, zufrieden und gelassen zu sein.

Wie Ihr Leben »märchenhaft« wird
Wohlstandsessenzen

Um wirklich »märchenhaft« zu leben, muss ich zunächst einmal klar definieren, *was* das für mich bedeutet. Ich sollte also Zielklarheit schaffen, damit ich nicht den falschen Traum verwirkliche. Ich mache mir also zunächst einmal meinen Wunschtraum bewusst und prüfe, ob er wirklich noch stimmt. Dann mache ich mir bewusst, warum ich ihn bisher noch nicht verwirklicht habe. Also mache ich mir Hindernisse, Schwierigkeiten und Grenzen bewusst und löse eine nach der anderen auf. Wenn ich zu dem Ergebnis komme, dass mein Traum und die Realität sich nicht miteinander vereinbaren lassen, ist eine falsche Überzeugung das einzige Hindernis. Alles ist jederzeit möglich, wenn ich es denken und glauben kann! Jedes Problem, jede Schwierigkeit, jeder Mangel ist in Wirklichkeit eine verkleidete Chance zum Besseren und enthält immer die optimale Lösung. Das alles sind also Botschaften des Lebens und eine Aufforderung zur Verbesserung.

Auch der Weg zum Wohlstand beginnt damit, jeden Mangel im Bewusstsein loszulassen und sich ein umfassendes Wohlstandsbewusstsein zu schaffen. Ich beginne damit, die natürliche Fülle in mein Leben einzuladen, dann kann ich meine Schulden schnellstens loslassen und mein Geld für mich arbeiten lassen. Das heißt auch, sinnvoll investieren zu lernen. Indem ich weniger ausgebe, als ich einnehme, bin ich auf dem sicheren Weg zum Wohlstand. Es ist nur eine Regel zu befolgen und Ihr Wohlstand wird »unvermeidbar«: weniger ausgeben, als Sie einnehmen, oder mehr einnehmen, als Sie ausgeben, oder am besten beides. Und falls Sie es noch nicht wissen: Die Grenze zwischen Arm und Reich bildet nur ein einziger Euro. Der Schlüssel, um vom Leben das zu bekommen, was auch immer Sie wollen, ist: »das Abziehen der Aufmerksamkeit« von allen Unwichtigkeiten, Illusionen und vorübergehenden Dingen sowie »das Richten der Aufmerksamkeit« auf das, was sein soll. Worauf Sie Ihre Aufmerksamkeit richten, dorthin fließt Ihre Schöpfungskraft und verwirklicht das, worauf Sie gerichtet ist. Das betrifft alle Lebensumstände wie Gesundheit, Erfolg, Wohlstand, eine harmonische Beziehung, beruflichen Erfolg, Anerkennung, Ihre persönliche Entwicklung und die Weisheit, das Leben wirklich zu »meistern«. Sie sollten zunächst einmal lernen, unerwünschte Ereignisse nicht mehr hervorzurufen oder anzuziehen und dann die erwünschten Ereignisse energetisch zu verursachen, indem Sie Ihre Aufmerksamkeit darauf richten und gerichtet halten, bis sie sich als Ihre Realität manifestiert haben. Indem Sie die Richtung Ihrer Aufmerksamkeit ändern, ändert sich Ihr ganzes Leben.

Das bewusste Abziehen Ihrer Aufmerksamkeit von Problemen und Schwierigkeiten und das Richten Ihrer Aufmerksamkeit auf Möglichkeiten und Lösungen, auf das, was sein soll, ist wohl das wichtigste Werkzeug zur bewussten Gestaltung der eigenen Zukunft. Alles, was ist, kann beliebig gewandelt werden. Alles »geschieht« völlig mühelos, und wenn es nicht mühelos geschieht, zeigt es Ihnen damit nur auf, dass es anders leichter ginge. Alles, was mit Leichtigkeit geschieht, soll sein, alles andere kann ruhen!

Liebe als befreiender Weg

Die Liebe entdecken und entfalten

Das Richten der Aufmerksamkeit ist so lange wichtig, solange wir uns noch über die Persönlichkeit identifizieren. Wenn die Persönlichkeit weicht, kommt nach und nach mehr Liebe zum Vorschein. Es ist die Liebe, die schlussendlich zur Erfüllung führt. Es ist die Liebe, die in die Liebe führt, weil es nichts außer Liebe gibt. Das große Glück finde ich nicht dadurch, dass ich viel Liebe von meinem Partner bekomme, sondern dadurch, dass ich meine Fähigkeit zu lieben immer umfassender werden lasse. In der »Kunst zu lieben« liegt der ganze Sinn des Lebens. Wahre Liebe kann nie unglücklich sein oder enttäuscht werden. Der andere kann mich gar nicht daran hindern, dass ich ihn liebe. Liebe ist ein Weg, auf den man sich miteinander macht, um letztlich bei sich selbst anzukommen. Dazu gehört vor allem, selbst ein idealer Partner zu sein. Den idealen Partner kann ich erst finden, wenn ich selbst einer geworden bin, wenn ich die Kunst beherrsche, aus einem ganz normalen Alltag etwas ganz Besonderes zu machen. Am glücklichsten ist die Beziehung von zwei Glücklichen. Seien Sie also der ideale Partner! Es mag noch so traumhaft beginnen, wie es weitergeht, bestimmen weitgehend Sie. Die besten Chancen haben

Sie, indem Sie ein idealer Partner werden, denn in einer harmonischen Beziehung braucht nur einer ideal zu sein. Lernen Sie die »Kunst des Alleinseins«. Wer unbedingt einen Partner braucht, ist nicht wirklich frei. Erst wenn Sie die Kunst des Alleinseins beherrschen, sind Sie wirklich frei und bereit für eine erfüllende Beziehung.

Was kann ich tun, um glücklich zu werden? Wie kann ich das erreichen? Das sind die falschen Fragen. Es gibt keinen Weg zum Glücklich-Sein, jeden Augenblick glücklich zu sein, das ist der Weg! Die richtige Frage lautet daher: <u>Was hin- dert mich eigentlich wirklich daran, glücklich zu sein?</u> In diesem Augenblick jetzt und hier? Glück plant man nicht, es geschieht intuitiv. Intuition, Einfälle, Visionen und Geistesblitze geschehen außerhalb von Zeit. Wir brauchen vielleicht Zeit, um uns ihrer bewusst zu werden, sie selbst aber brauchen keine Zeit und vor allem entstehen sie auch nicht aus dem Denken! Außerhalb der Zeit ist Glücklich-Sein der Normalzustand und immer präsent! Der erste Schritt zum Glücklich-Sein ist aufzuhören, ständig zu denken. Indem wir ins Jetzt zurückkehren und damit in die Zeitlosigkeit eintauchen, sind wir glücklich. Das Jetzt ist immer da. Und wir? Sind wir auch immer da? Hier?

Verinnerlichen Sie folgende Punkte, Einsichten und Erkenntnisse, um sich dem Glück etwas anzunähern:

- »Zu Bewusstsein« kommen und ständig im Bewusstsein zu bleiben, ist das Ziel. Je größer die äußere Belastung ist, desto größer sollte die innere Ruhe sein und nicht umgekehrt. Aus der eigenen Mitte über sich hinauswachsen.

- In das Selbst eintauchen und sich anschließend an die eine Kraft erinnern.
- Wahre Selbst-Identifikation leben.
- Am »Netz« bleiben und nie mehr »auf Batterie« laufen.
- Heilung ständig »geschehen lassen«, indem ich aufhöre, Widerstand gegen das Leben zu leisten. Das Leben braucht weder mein Einverständnis noch meine Ablehnung, es zeigt sich nur in Form einer Wirkung, die ich verursacht habe.
- Selbst zum Weg werden, indem ich dem Tao folge und Beobachter bin.
- Die »Ästhetik des eigenen Handelns« entdecken.
- Den einen Wunsch, sich selbst zu entdecken, zum einzigen Wunsch machen.
- Sich dem Leben in der »Leichtigkeit des Seins« stellen.
- Das »Charisma der bewussten Göttlichkeit« entwickeln.
- Leben besteht nur aus diesem einen Augenblick, nämlich jetzt. Auch die Zukunft beginnt in diesem Augenblick. Alles, was ich habe, ist dieser eine kostbare Augenblick! Ich werde diesen Weg kein zweites Mal gehen, deshalb erlebe ich ihn bewusst! Und wenn ich einmal aus meiner Mitte rücke, dann mache ich mir bewusst, dass dieser Augenblick schon wieder vorbei ist. Ich erkenne, dass es keinen Grund dazu gibt, unglücklich zu sein.

Meist können wir erst im Nachhinein, im Rückblick auf unser Leben den Sinn der einzelnen Ereignisse, den Plan dahinter und die notwendigen Lernprozesse erkennen. In der unangenehmen oder schmerzhaften Situation selbst ist das nur schwer möglich. Vor allem sehen wir oft erst in der Rückschau, warum wir gerade diese Lebensumstände und diesen Weg gewählt haben. Die Liebe bleibt uns lange verborgen und sie ist nirgendwo anders als in allem enthalten. Blicken Sie doch einmal zurück, und auch Sie werden den roten Faden erkennen, der sich durch Ihr Leben zieht. Dann werden Sie auch glauben können, dass dieser rote Faden weitergeht, bis Ihr Leben und Ihre Lebensabsicht erfüllt sind. Auch in diesem Augenblick geschieht alles nach der von Ihnen gewählten Ordnung und Absicht. Auch wenn das in der Situation nicht zu erkennen ist und Ihr Ego meint, dass es so etwas freiwillig nie gewählt hatte.

Schließen Sie einen Vertrag mit dem Schöpfer, dass Sie Ihr Leben als Geschenk erkennen und so annehmen, wie es sich Ihnen zeigt. Sagen Sie Ja zu der innewohnenden Ordnung und Lebensabsicht. Stellen Sie sich der damit verbundenen Aufgabe, und erfüllen Sie diese, sodass Sie nach einem erfüllten Leben sagen können: »Ich habe wirklich gelebt!« Halten Sie nach der Liebe Ausschau, denn nur um sie geht es in diesem kostbaren Leben.

»Erfinden« Sie sich einfach neu
Und noch ein paar Wegweiser

Sie können nicht nur sich, sondern Ihr ganzes Leben neu erfinden. Die Realität ist jederzeit bereit, jede gewünschte Form anzunehmen, denn wenn die Ursache sich verändert, wird sich auch ihre Realität, also die Wirkung verändern. Sie leben wieder als der bewusste Schöpfer, als der Sie »gemeint« sind und damit sind Sie im Ein-Klang mit sich selbst. Bevor Sie allerdings anfangen, sich neu zu erfinden, sollten Sie wissen, wo Sie am Ende ankommen wollen. Die meisten Menschen wissen nur, was sie nicht wollen, aber es ist ihnen nicht bewusst, was ihre eigentlichen Ziele sind. Zu diesem Wissen, das ich Zielklarheit nenne, gehört die Entscheidung, ob Sie Ihr Ego oder sich selbst glücklich machen wollen. Ich wiederhole dies hier noch einmal, um Ihnen die Wichtigkeit dieser Grundlage näherzubringen. Sie können nichts richtig oder falsch machen, aber die Frage, die sich stellt, ist: Aus welchem Bedürfnis heraus tun Sie etwas? Ist es etwas, das durch Sie geschieht, weil es universell ist und Ihrem Plan entspricht? Oder ist es etwas, das rein persönlich ist und nur dazu dient, um Ihre Wünsche und Sehnsüchte zu befriedigen? Sie sollten sich vollkommen bewusst sein, dass dies wirklich zwei ganz verschiedene Wege sind, die Sie nicht gleichzeitig gehen können. Entweder gehen Sie Gottes Weg oder den seiner Erscheinungen. Das heißt, entweder verlieren Sie sich in der Illusion und Täuschung der äußeren Dinge oder Sie gehen den Weg nach innen. Der Weg nach innen ist der einzige Weg, der lohnenswert ist. Der materielle Weg kann über kurz oder lang recht amüsant sein, doch irgendwann wird er langweilig, weil Sie schon alles kennen und Sie nicht wirklich etwas glücklich gemacht hat. Es mag sein, dass Sie vorübergehend ein Glücksgefühl hatten, aber was nutzt Ihnen das? Was zählt, ist ständig in der Freude zu sein und sie nicht nur für wenige Augenblicke zu spüren. Wahres Glück kann nicht ein Ereignis sein, womit es einem gut geht, sonst würde es nicht an uns vorbeiziehen. Wahre Lebensfreude ist immer da, egal wie die äußeren Umstände auch sein mögen.

Erwachen Sie zu sich selbst und werden Sie zu einem neuen Menschen. Erwachen Sie zum universellen und kosmischen Dasein, denn das jetzige ist unbewusst, verhaftet und gebunden. Wo Gebundenheit ist, kann Zufriedenheit nicht sein. *Aus welchen Eigenschaften soll dieser »neue Mensch« bestehen? Nach welchen Werten soll er sich verhalten? Welche Ziele soll er haben? Welche Fähigkeiten geben Sie ihm? Welche »Umstände und Chancen« braucht er dafür?*

- Was ist Ihr Traumberuf? Was ist Ihre wahre Berufung?
- Wie sieht Ihre traumhafte Beziehung aus?
- Wie viel Wohlstand gehört zu Ihnen?
- Wie viel Fülle erlauben Sie sich?
- Welchen Erfolg möchten Sie erleben?

Jeder Gedanke, jedes Gefühl, jede Überzeugung und jede Vorstellung haben eine ganz spezielle Schwingung und sind eine Ursache, die entsprechende Umstände, Ereignisse und Begegnungen in Ihr Leben ziehen. Das gilt auch für unsere Handlungen, denn jede Handlung hat entsprechende Folgen. Sich neu zu erfinden heißt, sich folgende Punkte bewusst zu machen und sie nicht nur zu wissen, sondern sie anschließend auch umzusetzen und zu leben:

- Indem ich mir bewusst mache, dass ich in jedem Augenblick die Wahl habe, alles in meinem Leben zu ändern, auch mich selbst.

- Indem ich mir bewusst mache, wer ich bin und welches Spiel ich spielen möchte und vor allem, wie es ausgehen soll.

- Indem ich alles loslasse, was mich nicht wirklich glücklich macht, vor allem meine Vergangenheit, aber auch das Ärgern, den Stress, überholte Glaubenssätze, störende Gewohnheiten etc.

- Indem ich das »Werkzeug Mensch« (vor allem mein Selbstbild) optimiere.

- <u>Indem ich meine Stärken stärke, meine Schwächen in Stärke umwandle und sinnvoll einsetze.</u>

- Indem ich Experte werde auf einem Gebiet, das wirklich Freude macht. Sympathisch sein und »wohlwollend« leben.

- Indem ich einen optimalen ersten Eindruck mache und eine optimale Grundhaltung zum Leben schaffe. Ich lebe als Gewinner! Optimismus, Höflichkeit und Humor sollte ich nicht erst entwickeln, sondern als Grundausstattung mitbringen.

- Indem ich meine persönliche »energetische Signatur« optimiere.
- Indem ich im Chancenbewusstsein lebe.
- Indem ich die »Kunst der Mühelosigkeit« beherrsche.
- Indem ich ein positives Selbstbild erschaffe, da jedem nach seinem Glauben geschieht.
- Indem ich ab sofort nur noch die richtigen Entscheidungen treffe und in jedem einzelnen Fall erfolgreich bin. Wie dies geschieht? Weil ich einfach nicht aufhöre, bevor ich eine Sache wieder einmal erfolgreich abgeschlossen habe. <u>Misserfolge auf dem Weg sind immer nur Zwischenergebnisse und wichtige Hinweise des Lebens, wie ich noch erfolgreicher sein kann.</u>
- Indem ich dem Leben die richtigen Anweisungen gebe, die richtigen Ursachen setze und den »erwünschten« Endzustand durch Imaginieren geistig »in Besitz« nehme, bis mich Freude und Dankbarkeit erfüllen, als »Auftragsbestätigung des Lebens«, dass der Auftrag angenommen, bereits in Arbeit ist und in Kürze geliefert wird.
- Indem ich meine unbewussten Signale wie Kleidung, Gestik und Aussehen optimiere. Dazu gehört, dass ich meine Stimme schule, meine »hörbare Visitenkarte« verfeinere. Aber auch: Lächeln, Haltung, Laune, Energie, unbewusste Überzeugungen.
- Indem ich die eigene Einstellung zu Geld, Erfolg, Gesundheit usw. optimiere. Vom Beruf über die Berufung zur Erfüllung komme. Die Fähigkeit entwickeln, aus

einem ganz normalen Alltag etwas ganz Besonderes zu machen.

- Indem ich das Ärgern endgültig loslasse. Es gibt keine aussichtslosen Situationen, nur andere Wege, die passender, stimmiger und somit optimal sind.
- Indem ich ständig »wohlwollend lebe«. Dazu gehört, »energetisches Management«, Gefühle und Verhaltensweisen bewusst zu lenken und unerwünschte Energien aufzulösen, bevor sie als Ereignis »in Erscheinung« treten können.

Ich erfülle mich einmal mit der Energie all dieser Eigenschaften und verbinde meine Vorstellung von mir mit dieser Energiequalität. So erfinde ich mich neu und lasse gleichzeitig die Eigenschaften los, die nicht mehr zu mir gehören. Durch das Loslassen entsteht ein Freiraum, in dem sich all diese ungelebten Eigenschaften entfalten können, die ab jetzt Teil meines Lebens sind. Ich mache mir einmal bewusst, was sich dadurch in meinem Leben ändert. Indem ich das Kapital »Fehler« sinnvoll nutze und als Botschaft des Lebens und Hinweis auf einen erfolgreichen Weg zum Ziel erkenne.

Die »energetische Signatur« optimieren
Erwünschte Ereignisse anziehen

Die energetische Signatur ist Ihr Werkzeug, Ihre Ausstrahlung und Ihr Schlüssel zu einem wunderbaren und erfüllten Leben. Die energetische Signatur muss man nicht üben oder sich aneignen, jeder hat sie. Sie sollte nur etwas verfeinert werden, und man sollte sich ins Bewusstsein rufen, wie wichtig es ist, die Aufmerksamkeit auf sie zu richten, um sie gewinnbringend einzusetzen. Wir alle sind ein permanenter Sender und senden ständig eine ganz bestimmte Schwingung aus, weil wir ursprünglich ein Energiefeld sind. Die energetische Signatur zieht damit zuverlässig Ereignisse in Ihr Leben und hält andere ebenso zuverlässig fern. Hier spielt es keine Rolle, ob Sie eine Situation wollen oder lieber umgehen würden. Ihr Leben entspricht Ihrer Schwingung, Ihrem Sosein. Das, was Sie Leben nennen, ist das Ergebnis Ihrer Gedanken, Worte, Taten und Gefühle. Ich wiederhole dies, weil es so wichtig ist. Vielleicht wissen Sie es, aber nutzen Sie dieses Wissen auch, um Ursachen zu verhindern oder um gewünschte Wirkungen zu erzielen? Sie können Ihre energetische Signatur jederzeit ändern, damit Sie sich für erwünschte Ereignisse magnetisch machen und um unerwünschte Ereignisse von Ihnen fernzuhalten. Gestalten auch Sie ab sofort Ihre energetische Signatur neu. Das gibt Ihnen die Möglichkeit, Situationen, Umstände und Ereignisse aktiv zu steuern und in die gewünschte Richtung zu lenken und zu führen. Nur wer sein Leben führt, lebt es wirklich, denn es einfach so dem »Zufall« zu überlassen, zeugt von einem unbewussten Dasein.

Optimieren Sie ständig Ihre energetische Signatur und praktizieren Sie es immer wieder, indem Sie unerwünschte Energien durch erwünschte ersetzen:

- Gehen Sie in Begegnungen aus der Ablehnung, aus Widerständen oder vorschnellem Verurteilen heraus und sehen Sie im anderen das Sympathische. Richten Sie die Aufmerksamkeit auf seine Einzigartigkeit und Besonderheit. So öffnen Sie sich für das Tiefere und strahlen Offenheit aus. Ihre Signatur wird weicher und somit werden es auch die Wirkungen sein.

- Werden Sie allgemein wohlwollend und erfüllen Sie sich mehrmals täglich mit Licht, liebevollen Gedanken, Worten und Dankbarkeit. Das löst sofort wohlwollende Reaktionen des Lebens aus wie zum Beispiel unerwartete Chancen oder glückliche »Zufälle«. Das Leben kann ja nichts anderes tun, als Ihrer energetischen Signatur zu folgen. Was Sie ausstrahlen, ziehen Sie auch an. Denken Sie stets daran und nutzen Sie dieses Wissen für sich.

- Begrüßen Sie alles, was Ihnen widerfährt. Seien Sie dankbar dafür und erkennen Sie darin das Gute. Ein Beispiel:

Ihr Kind hat Prüfungsangst und Sie fiebern mit ihm mit. Stören Sie sich nicht an der Situation, sondern sagen Sie sich: Danke, dass mein Kind zwei Hände hat, um diese Prüfung schreiben zu können, und so gesund ist, um zur Schule gehen zu dürfen. Das können Sie in jeder Situation machen, wo Sie besorgt sind oder Ängste hochkommen. Sehen Sie immer das, was gut ist und was ist und niemals das, was nicht ist oder was Sie nicht wollen. Das wird sich auch auf die Situation auswirken, und Ihr Kind wird weniger nervös sein, wenn Sie loslassen und Ihre Energie harmonisieren.

- Erfüllen Sie sich auch mit der Energie von Gesundheit, und spüren Sie, wie Sie sich im gleichen Augenblick in Ihrem Körper verteilt. Stellen Sie sich Heilung vor und fühlen Sie sich darin wohl. Freuen Sie sich darüber, einen gesunden Körper zu haben, auch wenn Sie im Moment körperliche Disharmonien vernehmen. Der Körper ist die Wohnstätte Ihrer wahren Identität, deshalb sollten Sie sich gut um ihn kümmern.

- Bewahren Sie all die wunderbaren Energien, für die Sie sich geöffnet haben. Fügen Sie ganz bewusst die Energie von Wohlstand, Freude oder Zufriedenheit hinzu. Sie können sich mit jedem Gefühl erfüllen, mit allem, was Ihnen guttut und wonach Ihnen gerade ist. Nur sollten Sie es nicht nur wissen, dass Sie diese Möglichkeit nutzen können, sondern sie auch regelmäßig mehrmals täglich anwenden. Sie werden sehen, dass sich Ihr ganzes Leben verändert, weil Sie Ihre energetische Signatur harmonisiert haben. Je harmonischer und feiner, offener und bewusster Ihre Schwingung wird, desto mehr wird sich das auch in Ihrem Leben zeigen.

Es reicht nicht aus, sich Gesundheit oder Freude nur vorzustellen und es sich nur zu denken, wichtig sind das Gefühl und das Verinnerlichen. Verankern Sie die Energien durch mehrfache Wiederholungen, bis sie ein selbstverständlicher Teil Ihrer energetischen Signatur geworden sind. Sie können sich jederzeit daran erinnern, dass Sie etwas dafür tun können, um mehr Balance zu bekommen und sich geistig ins Gleichgewicht zu rücken. Geben Sie sich öfters mal Zeit innezuhalten, und halten Sie auch inne, während Sie etwas tun, denn jeder Augenblick verdient es, dass man ihm Wertschätzung entgegenbringt und seine ganze Aufmerksamkeit schenkt.

Achtsamkeit als notwendiges Bedürfnis leben

Der Schlüssel ins Jetzt

Machen Sie jeden Schritt immer achtsam und bewusst. Achtsamkeit sollte in allem, was Sie tun, zum steten Begleiter werden, damit auch Ihr Leben eine tiefere Lebensqualität bekommt.

- Achtsamkeit ist der Schlüssel ins Jetzt.
- Achtsamkeit sollte fortwährend anwesend sein. Wenn Sie Ihre Aufmerksamkeit auf die Vergangenheit oder auf die Zukunft richten, wenden Sie sich von ihr ab.
- Achtsamkeit bedeutet, sich nicht in Gedanken zu verlieren.
- Achtsamkeit ist eine göttliche Tugend.
- Achtsamkeit ist das Beobachten dessen, was ist, ohne sich in Details zu verlieren.
- Achtsamkeit bedeutet, Zeuge des Jetzt zu sein.
- Achtsamkeit erfolgt ganz ohne Anstrengung.
- Achtsamkeit kennt keine Anstrengung oder Konzentration, es ist die natürliche Wahrnehmung an sich.
- Achtsamkeit ist keine gewollte Ausrichtung, sondern bewusste Anwesenheit.
- Achtsamkeit ruht in sich.

- Achtsamkeit wohnt nicht in der Illusion, sondern in der Realität.
- Achtsamkeit beendet die persönliche Verwicklung in Geschehnisse.
- Achtsamkeit ist der Beginn eines Entwicklungsprozesses, der Sie Ihre eigene Identität erkennen lassen wird.
- Achtsamkeit ist wie ein Spiegel, der nichts hinzufügt, nichts weglässt und Bewertungen nicht kennt.
- Achtsamkeit stellt keine Forderungen, will nichts haben oder tun, sie nimmt einfach nur wahr.
- Achtsamkeit hat einen gesunden Abstand zum Körper und existiert als Zentrum des einen Seins.
- Achtsamkeit ist das bewusste Erleben der universellen Manifestationen.
- Je achtsamer Sie sind, desto bewusster wird Ihr Leben sein.
- Achtsamkeit ist die vollkommene Wahrnehmung dessen, was ist, gerade geschieht, erscheint und Sie umgibt.

Was auch immer Sie zu sein glauben, die Wirklichkeit ist nur die Seele, die einen Körper bewohnt, der nichts mit Ihrer wahren Identität gemeinsam hat. Solange das persönliche Ich regiert, wird Achtsamkeit abwesend sein und der Verstand herrschen. Wer achtsam ist, kann auch nicht mehr in die Falle tappen, ständig unerwünschte Wirkungen zu verursachen und Situationen in sein Leben zu ziehen, die unerwünscht sind. Ein achtsamer Mensch überprüft auch seine Worte, bevor er sie ausspricht, um niemanden damit zu verletzen.

Er weiß, dass er alles zu sich selbst sagt und sich damit nur selbst Schaden zufügt. Vergessen Sie nie, dass Sie in jedem Augenblick der Verursacher Ihres Lebens sind, und je bewusster, wacher und klarer Sie durchs Leben gehen, desto harmonischer wird es auch Ihnen begegnen.

Ihrer wahren Berufung auf der Spur
Auf-Gaben erkennen

Die Berufung zu erkennen und zu leben ist auch ein sehr wichtiger Punkt im Leben. Nur wer seine wahre Berufung ausübt, wird wirklich glücklich sein. Wir alle sind mit einer bestimmten *Absicht* auf die Erde gekommen! Erfüllung können wir nur finden, wenn wir diese Absicht leben und darin unsere Berufung erkennen, annehmen und erfüllen. *Der Beruf sollte etwas sein, wofür und nicht wovon man lebt.* Nur wer seine Arbeit liebt, wird in seinem Beruf auch wirklich erfolgreich sein. Sind Beruf und Berufung nicht mit der Selbstverwirklichung identisch, wird man mit seiner Tätigkeit auch nicht der Allgemeinheit dienen. Unser Wirken sollte aber für alle von Nutzen sein, und dient es nicht dem einzelnen Menschen, dann sollte es dem ganzen System, der Erde, der Natur oder dem Leben etwas bringen. Der Beruf ist nicht dazu da, um etwas zu tun, womit wir uns bereichern, sondern er sollte »die ganze Welt« bereichern. Dies geschieht mit der richtigen Einstellung des Tuns, der Freude daran und des Sinns der Sache.

Die Wahl des Berufes ist sicher ein wichtiger Schritt, doch in diesem Alter wissen wir noch gar nicht, was unsere Fähigkeiten sind oder was wir wirklich wollen. Im Wort Be-

Ruf ist zwar die Silbe »Ruf« enthalten, aber es ist wohl etwas zu viel verlangt, von einem Teenager zu erwarten, dass er diesen Ruf schon hören kann. Den Ruf hören wir irgendwann einmal, meist viel später, und dann fehlt uns der Mut, die Richtung zu wechseln oder ihm ohne Vorbehalte zu folgen. Meist sind wir dann schon sehr geprägt, doch es kann auch sein, dass wir den Ruf überhören oder ignorieren. Der Arbeitsplatz ist als Ort der Freude, Erfüllung und Selbstverwirklichung gedacht. Die Tätigkeit sollte uns entsprechen, und wir sollten sie so gerne tun, dass wir sie nicht als Arbeit bezeichnen. Nur wer seine Aufgabe erkannt hat, wird Urlaub für immer haben, weil ihn die Tätigkeit weder belastet noch stresst. Ganz im Gegenteil: Er tut sie so gerne, dass er sich darauf freut und oft gar nicht damit aufhören kann. Wenn das bei Ihnen nicht so ist, dann haben Sie Ihre Berufung noch nicht gefunden oder Sie machen etwas falsch.

Erlauben Sie dem Leben doch einfach, Sie gut dafür zu bezahlen, wenn Sie das tun, was Ihnen viel Freude bereitet. So kann die Tätigkeit zu einem ständigen Quell der Freude und Erfüllung werden.

- Machen Sie sich zwei Listen.
- In eine Liste schreiben Sie alles, was Ihnen Spaß macht, ohne groß darüber nachzudenken.
- Dann schließen Sie die Augen, gehen in sich und schauen hin, bei welchen Ihrer Fähigkeiten das Herz am meisten lacht.
- Schreiben Sie diese Fähigkeiten in die zweite Liste, und beginnen Sie mit dem, was Sie am meisten erfüllt.

- Bestimmen Sie nun Ihre größte Freude und Ihre größten Fähigkeiten und schon haben Sie Ihre Berufung gefunden.
- Nun überprüfen Sie, ob diese Auswahl auch anderen Menschen dient. Sollte dies nicht der Fall sein, dann nehmen Sie das, was in Ihren Listen an zweiter Stelle steht. Es bringt nicht viel, etwas auszuüben, was der Welt keinen Nutzen bringt. Das Universum unterstützt all das, was ihm dienlich ist. Es sollte also nicht nur Ihren persönlichen Zielen dienen, sondern die Allgemeinheit sollte ebenfalls davon profitieren.
- Nun haben Sie endlich schwarz auf weiß, was Ihre Zukunft für Sie bereithält.
- Wenn jetzt der Verstand kommt und Ihnen sagt, dass Sie damit kein Geld verdienen können, lassen Sie den Gedanken ziehen. Er soll Sie nicht davon abbringen, Ihren Traum zu leben.
- Gehen Sie ins Vertrauen und beginnen Sie gleich mit der schöpferischen Imagination, um Ihre Berufung zu manifestieren.
- Planen Sie nichts und versuchen Sie nicht mit Gewalt, etwas zu erreichen, sondern geben Sie dem Leben Raum, damit sich Ihre Berufung entwickeln kann. Dies geschieht, indem Sie Ihre Aufmerksamkeit von unwichtigen Dingen abziehen und immer auf das Wesentliche richten und gerichtet halten.
- Bei jedem Zweifel, der eine verwirklichungsverhindernde Energie in sich trägt, imaginieren Sie neu.

Es geht vorerst darum, Ihre Lebensaufgabe zu erkennen, bevor Sie sie annehmen und erfüllen können. Befreien Sie sich aus dem Gefängnis der Gegebenheiten, indem Sie Ihre individuelle Realität ganz nach Ihren Wünschen formen. Wenn Sie Ihre Berufung gefunden haben und sich ihr hingeben, dann brauchen Sie wirklich keinen Urlaub mehr, die Tätigkeit ist Urlaub! Vielleicht haben Sie früher noch willentlich und mit viel Anstrengung und Mühe gearbeitet, doch jetzt bewirken Sie etwas und Ihre Tätigkeit ist nicht etwas, was Sie tun, sondern etwas, das durch Sie geschieht. Wenn Sie sich jeden Abend schon auf das Tun des nächsten Tages freuen, haben Sie Ihre wahre Berufung gefunden und sie zu leben ist ein Geschenk an Sie und das Leben selbst.

Sie haben ein Problem?
Was genau meinen Sie damit?

Situationen durchschauen

Das Problem, noch nicht die richtige Lebensaufgabe gefunden zu haben, hat einen triftigen Grund, denn wer sich selbst noch nicht gefunden hat, wird auch nach der Berufung vergebens suchen. Alles, was wir »Probleme« nennen, sind in Wirklichkeit nur Chancen. Und ein Problem ist ja immer individuell, weil Ihr Problem ja nur Sie selbst haben. *Vielleicht sollten wir die Probleme nicht zu schnell verurteilen und mal hinsehen, ob wir nicht selbst die Ursache dafür sind, die das Problem erzeugt und zu dem macht, was es gar nicht ist.* Diesen Abschnitt widme ich den Problemen, weil sie so wunderbar und lehrreich sind. Wir empfinden eine Situation als Problem, wenn wir die Situation gerne anders hätten und unangenehme Gefühle in uns hochkommen. Ein Problem beruht darauf, dass Sie die Situation ablehnen. Würden Sie die Situation einfach nur beobachten und akzeptieren, gäbe es auch kein Problem.

Das Fundament Ihrer Probleme sind meist nur Ihre Grundüberzeugungen. Solange Sie an diesen Grundüberzeugungen festhalten und sie als real ansehen, werden Probleme Probleme bleiben. Grundüberzeugungen sind aber tief versteckt und nicht gleich offensichtlich einsehbar, sodass wir denken, dass sie normal sind oder so gehören. Sie können nicht gleich Ihre Grundüberzeugungen ändern, weil Sie diese hartnäckigen Programme selbstverständlich in Ihr Leben mitgenommen haben. Wenn etwas übel riecht, werden Sie es nicht essen, weil Ihr Verstand Ihnen sagt, dass das nicht schmecken kann. Sie sehen also, es ist eine Art Automatismus, dem Sie sich in diesem Augenblick nicht bewusst sind. Es ist für Sie selbstverständlich, es nicht zu tun, und es wird Sie auch kaum jemand vom Gegenteil überzeugen. Wenn ein Totenkopf eine Wasserflasche ziert, werden Sie auch die Finger davon lassen, auch wenn sich in der Flasche tatsächlich Wasser befindet. Wenn jemand beim Stehlen erwischt wird, hat er in der Regel ein schlechtes Gewissen, auch das kann ihm niemand nehmen, weil man ja weiß, dass sich das nicht gehört. Also wird die Verurteilung zum Problem. Wenn Sie ein Problem darin sehen, dass Ihr Partner jemand anderen kennengelernt hat, dann verurteilen Sie den anderen automatisch. In diesem Moment fehlt Ihnen die Weitsicht, dass der Prozess dieser Partnerschaftserfahrung abgeschlossen ist. Aus emotionaler Sicht wird es Ihnen kaum möglich sein, es neutral zu beobachten und es nicht als Problem darzustellen. Ihr Arbeitskollege wird darin kein Problem erkennen, weil es ihn nicht betrifft und er gefühlsmäßig nicht involviert ist. Wäre es tatsächlich ein Problem, dann müsste es jeder Mensch als Problem sehen. Es gibt unzählige Beispiele, die ich hier aufführen könnte. Das beginnt bei unserem Weltbild, wobei wir Dinge in gut und schlecht einteilen, ohne zu erkennen, dass sie alle so sein müssen. Warum sonst würden sie geschehen? Es liegt an der mangelnden Weitsicht und an der unbewussten Wahrnehmungsform, die Probleme zu dem machen, was sie nicht sind: nämlich ein Problem.

Die erste Art, Probleme zu lösen, ist etwas genauer hinzusehen und unser Verhalten, unsere Einstellungen und vorgeformten Meinungen zu erkennen. Die verursachenden Überzeugungen können nur entlarvt und aufgelöst werden, wenn wir uns bemühen, ihnen auf die Schliche zu kommen. Wenn wir uns unserer realitätsfremden Sicht bewusst geworden sind, »verschwinden« die Probleme nicht, aber wir erkennen, dass es so etwas wie Probleme nie wirklich gegeben hat, ganz von selbst. Glauben Sie nicht, dass wir erst glücklich sind, wenn wir alle Probleme gelöst haben. Es gilt zu durchschauen, dass unsere Sichtweise das Problem ist und niemals die Sache selbst. Es liegt an unserer Wahrnehmung und Reife, ob und was wir als Problem bezeichnen. Entlarven wir das eigene Problem als Denkfehler und schon wird dem neuen Weltbild nichts mehr im Wege stehen und es ist von Problemen befreit. Natürlich werden wir hin und wieder in die Falle tappen, wieder etwas abzulehnen oder gegen etwas zu sein. Dann sehen wir aber sofort etwas genauer hin, um zu erkennen, dass es nur an uns liegt, ob das Leben dunkel oder hell sein wird.

Es sind aber nicht nur die Probleme, die durch Ablehnung entstehen. Auch Wünsche sind eine Ablehnung dessen, was ist. Wir lehnen etwas ab, obwohl es da ist. Macht das Sinn? Wir wünschen uns das zu haben, was nicht ist. Das ist auch nicht gerade sehr hilfreich. Das menschliche Verhalten ist wirklich sehr interessant und irgendwie eigenartig. Widmen wir uns diesen Dingen und nehmen wir uns die Zeit, um uns damit auseinanderzusetzen.

- Definieren Sie das Problem und sehen Sie dahinter. In jedem Problem hält sich die vollkommene Lösung versteckt. Darin erkennen Sie, was zu tun ist und welche Botschaft sich dort verbirgt.
- Bejahen Sie die Situation, und Sie werden sehen, dass es gar kein Problem mehr gibt.
- Erkennen Sie, dass jedes »Problem« bzw. eine unerwünschte Situation nur deshalb in Ihr Leben tritt, um Sie auf etwas aufmerksam zu machen. Es ist nichts weiter als eine Aufgabe und eine Chance, an denen wir wachsen und reifen können.
- Erkennen Sie, dass das ganze Leben ein Erfahrungsprozess ist, auch das, was Sie als Problem bezeichnen. Nur so werden Sie auf Ihre wahre Identität vorbereitet und können alle Entwicklungsstufen vollziehen, die auf dem Weg zu sich selbst notwendig sind.
- Machen Sie sich bewusst, warum Sie dieses Problem bisher noch nicht erkannt und durchschaut haben. Führen Sie so eine andere und bessere Situation herbei.
- Probleme sind Aufgaben und in jeder Aufgabe versteckt sich eine Gabe. Was Sie als Problem bezeichnen, will Ihnen nur eine Ihrer unzähligen Gaben entlocken und Ihnen zeigen, was zu tun ist, und wie Sie mit dieser Situation spielerisch umgehen können.
- Entdecken Sie in jedem »Problem« die Notwendigkeit und Schönheit des Handelns.

- Das Problem besteht nur, weil Sie es verursacht haben. Es unterliegt genauso dem Resonanzprinzip wie alles andere, was Sie umgibt.
- Anstatt unbewusst unangenehme Dinge, also »Probleme«, zu erschaffen, beginnen Sie doch, mit dem Werkzeug der schöpferischen Imagination und der energetischen Signatur angenehme Dinge zu kreieren.
- Laden Sie das »Problem« aus Ihrem Leben aus, indem Sie Ihre begrenzte Sichtweise durchschauen und nicht an der oberflächlichen Erscheinung der Sache hängen bleiben.

Was im Verborgenen schlummert, wird niemals durchschaut werden können. Jeder Mensch versucht, Probleme zu lösen und Wünsche zu erreichen. Das ist menschlich. Wenn wir versuchen, den Wunsch durch Imaginieren anstatt durch Wollen zu manifestieren, dann wird er sich erfüllen. Ein Lösungsansatz für ein Problem, der auf der Ablehnung einer Situation basiert, wird und kann niemals zum gewünschten Ziel führen. Er verstärkt lediglich das, was wir nicht wollen, und lässt uns in der unerwünschten Situation ausharren. Erst wenn wir die unliebsamen Ereignisse in ihrer Tiefe erfasst haben, werden sie sich wandeln.

TEIL 3

Zukunftskompetenz, die zu Erfüllung, Harmonie und Wohlstand führt

Der geistige Weg über das Ego

Das Ego: unser Helfer und Freund

Das Ego ist nur so lange unser Feind, solange wir ihn als solchen betrachten. Machen wir es zu unserem Freund und Verbündeten, der uns auf dem Weg zum bewussten Sein begleitet. Es gibt nur einen Weg in die Vollkommenheit, zurück ins Paradies, und der führt über das Menschsein. Der Mensch ist das Werkzeug der Seele, und er selbst verfügt ebenfalls über viele Werkzeuge und Hilfsmittel. Der Verstand, das Ego und vieles mehr, was wir ständig loswerden wollen und ablehnen, gehören voll und ganz dazu. Nur damit werden wir auch ankommen, weil es keinen anderen Weg gibt, außer mit und über diese Werkzeuge. Der Mensch braucht das Ego nicht nur zur Identifikation, sondern auch um mit Menschen und Umständen in Kontakt zu treten. Wie sonst soll er sich in diesem Prozess erfahren? Ohne Ego könnte der Mensch sich nicht definieren, und nur über die Erfahrungen mit dem Außen kehren wir eines Tages nach innen zurück. Das Ego ist bekannt dafür, Unruhe zu stiften und ständig Unzufriedenheit zu erzeugen, weil es sich über den Körper mit all seinen Sinnen definiert. Es fühlt sich ständig betroffen und bezieht jede Situation nahezu krankhaft auf sich. Das Ego bildet sich ein, ein selbstständig

existierendes Ich bzw. ein Individuum zu sein. Dieser Ego-
ismus manifestiert sich als kollektive Funktionsstörung und
äußert sich mit Gewalt und zerstört so ganz nebenbei die
Umwelt. Es setzt Ursachen und diese Ursachen haben Folgen. Es ist selbstbezogen und machtorientiert, besitzergreifend und gierig. Das Ego neigt dazu, immer mehr haben zu
wollen, und hält sich selbst in der Illusion der Trennung ge-
fangen.

Wir können dem Verstand eine Richtung vorgeben und
diesen hilfreichen Begleiter für den tieferen Sinn begeistern.
Anstatt über scheinbare Probleme und Unwichtigkeiten
nachzudenken, hintersinnen wir doch das Leben. Wenn wir
den ganzen Tag über unsere Identität und die Gesetzmäßigkeiten des Lebens nachdenken, fällt dies nicht unter die
Kategorie denken. Es heißt nämlich nicht, nichts denken zu
dürfen, das sowieso nicht möglich ist. Es geht um die Qualität der Gedanken, denn wer seine Gedanken ausschließlich nach Identitätsfragen und Antworten der universellen
Kraft ausrichtet, hat seine Aufmerksamkeit dort, wo sie sein
soll. Je mehr wir das Interesse des Verstandes für wahre Spiritualität gewinnen, desto transparenter wird sich das Ego
zeigen. Es wird nach und nach durchlässiger und legt seine
Hartnäckigkeit zwar langsam, aber sicher ab.

Das Ego glaubt an ein Mich und ein Mein. Erst wenn
diese Identifikation nicht mehr ist, werden alle Missver-
ständnisse und Probleme weichen. Beschäftigen Sie also
den Verstand mit diesem Thema. Lenken Sie ihn dorthin,
und dann spüren Sie tief in sich hinein, um zu entdecken,
dass es so etwas wie ein Ich oder Du nicht wirklich geben

kann. Bei den Naturvölkern ist es etwas anderes. Natürlich haben auch sie ein Ego, aber es ist nicht so stark ausgeprägt. Sie haben kein Eigentum, weil ihnen die Natur alles zur Verfügung stellt und weil sie im Einklang mit ihr leben.

Das Ego lenkt uns davon ab, ganz bei uns zu sein, weil es seine Antennen immer nach den vergänglichen Objekten der Welt ausgerichtet hält. Es erzeugt ständig Druck und Stress, und das wirkt sich auch auf das natürliche Wohlbefinden des Körpers aus. Das Ego sorgt sich und kümmert sich um Dinge, die sein könnten oder gewesen sind, das heißt, es lebt in Möglichkeiten, Vermutungen und Spekulationen, der Augenblick ist ihm fremd. Kein Wunder, dass diese negativen Emotionen den Energiefluss des Körpers stören. Die Vergangenheit ist vergangen, warum also an sie denken? Auch wenn wir sie als belastend empfunden haben, daran zu denken macht es nicht besser. Wir sollten sie aber nicht ignorieren, unter den Teppich kehren oder wegschieben, sondern die Gedanken und Emotionen hochkommen lassen und sie einfach nur betrachten. Sie gehen dann ganz von alleine wieder weg. Da dies aber kaum jemand macht, weil wir nahezu instinktiv eine Abwehrhaltung einnehmen, wissen es die meisten auch nicht, dass das, was hochkommt, nicht dazu da ist, um es abzulehnen, sondern um es einfach nur anzusehen. Und nur was hochkommt, kann ausheilen. Das klingt sogar logisch, auch wenn es das nicht ist. Es kommt sicher nicht hoch, um abgewürgt zu werden. Ergibt das einen Sinn? Denken Sie einmal darüber nach, wenn Sie das nächste Mal etwas belastet. Widerstand verstärkt das, was man nicht will. Sehen Sie einfach so lange hin, bis es sich wieder legt, und Sie werden sehen, welch einzigartige und neue Erfahrung das ist.

So etwas wie Vergangenheit existiert nur in unseren Köpfen. Wo ist denn die Vergangenheit, wenn Sie nicht an sie denken? Natürlich sitzen diese Prägungen und Erfahrungen tief. Sie würden schneller ausheilen, wenn wir nicht ständig etwas mit ihnen verknüpfen würden. Unangenehme Gefühle und ähnliche Situationen wühlen genau das wieder auf, was längst schon vergessen schien. Sie können ein als schlimm empfundenes Ereignis nicht einfach so akzeptieren, indem Sie es sich schönreden oder ignorieren. Es immer wieder aus der Erinnerung hervorzuholen und es totzudenken, ist aber garantiert keine Lösung. Beginnen Sie noch heute damit, in der Gegenwart, im Hier und Jetzt zu sein. Denken Sie einfach immer wieder daran, sich zu zentrieren und Ihre Aufmerksamkeit einzig und allein auf den Augenblick zu richten. Wer ständig in der Vergangenheit herumspaziert, quält sich nur selbst. Geben Sie sich den Emotionen hin und lassen Sie die Gedanken ruhen, indem Sie sich nicht bewusst mit ihnen auseinandersetzen. Lassen Sie alles im Raum stehen, wie es gerade ist, ohne dem Raum zu geben. Nun fragen Sie sich, wer diesen Schmerz empfindet.

- *Ist es das Ego?*

- *Ist es der Körper?*

- *Sind Sie der Körper?*

- *Wer oder was sind Sie?*

- *Gedanken, Gefühle, das Ego, Vorstellungen, Ideen, der Körper oder etwas viel Tieferes?*

Es ist an der Zeit, sich mit diesen Fragen auseinanderzusetzen, und Ihr Ego und Ihr Verstand dürfen daran teilhaben, solange Sie noch in der persönlichen Ich-Identifikation verweilen. Erst wenn Sie sich bewusst sind, wer Sie sind, können Sie damit aufhören, diese Fragen zu erforschen. Solange Sie noch in der Trennung leben und den scheinbar anderen beschuldigen, erliegen Sie dieser Illusion der dualen Welt, die mit der Geburt beginnt und mit dem Tod endet. Die Bewusstwerdung der Menschheit nimmt seinen Lauf und führt uns mit Ego und Verstand in ganz neue Dimensionen. Sind wir dort angekommen, werden wir diese Gehilfen nicht mehr brauchen, weil dann das Werkzeug Intuition deren Rolle übernimmt. Dann werden wir ganz und gar in der einen Kraft leben, die es noch zu entdecken gibt. Das Tao ist das In-sich-Gehen und das Beobachten von Kraft zu Kraft. Es geschieht zwar über den Körper, da es ihm nützt, doch der Mensch bleibt davon unberührt. Er wird Zeuge, Beobachter, der sich selbst nicht anders wahrnimmt als das, was ihn umgibt. Er ist eingebettet in diesen großen Raum, wo es viele Rollen, aber nur ein Bewusstsein gibt, das der Verursacher aller Bewegungen ist.

Das TAO als kompetenter Zukunftsweg

Das Tao kann mit Worten nicht ausgedrückt werden, denn es würde immer nur ein Ausdruck bleiben, aber nie das sein, was es in Wahrheit ist. Das Tao existiert aus sich und durch sich selbst, weil es das Einzige ist, was existiert! Das Tao ist!

Das Tao ist unergründlich und ewig, es ist das beobachtende Selbst. Im Tao zu leben bedeutet, in spontaner Vollkommenheit zu handeln. Diese Handlungen sind Tätigkeiten, die durch uns geschehen. Diese Tätigkeiten haben aber mit herkömmlichem Tun nichts gemein, denn es wirkt durch uns vollkommen mühelos und wie von selbst – weil es absichtslos geschieht. Wer im Tao lebt, ist zukunftskompetent. Das Tao kann weder geübt werden noch kann man sich ihm annähern, weil man sich nie davon entfernt hat. Das Tao ist nicht nur der Weg, sondern auch der, der den Weg beschreitet. So gibt es in Wirklichkeit kein Ziel, keinen Weg und nichts, was es zu erreichen gäbe. Wie sollten wir das erreichen, was wir immer schon waren und ewig sind? Wie könnte das, was immer schon war und immer sein wird, herbeigeführt werden? Das Tao ist ein altbekannter Begriff und viele verwechseln das regungsloses Dasitzen oder Meditieren damit. Es ist aber viel mehr, denn es ist die vollkommene innere Ruhe. Aus dem Tao heraus ist alles ganz einfach und alles ist völlig mühelos. Es gibt keine Anstrengungen mehr, und auch das Wollen fällt ab, es ist der vollkommene Gleichklang, aus dem heraus wir unser Leben erfahren. Das Tao ist das Eine, und dieses Eine kann nicht gefunden werden, weil wir es niemals verloren haben. Nichts geht verloren, alles ist zur gleichen Zeit da.

Jeder wünscht sich, in heiterer Gelassenheit zu leben. Das Tao entbindet uns der eingebildeten Trennung und lässt uns durchschauen. Dadurch werden wir an die Wirklichkeit erinnert und beginnen damit, uns unserer wahren Identität zu öffnen. Wenn sich unser Bewusstsein weitet und wir uns an unsere eigentliche Existenz zurückerinnern, lösen sich alle illusorischen »Geburtswehen des Ich« wie zum Beispiel Ärger, Kummer, Probleme, Neid, Krankheit, Missgunst, Mangel und Leid auf. Wir durchschauen das Leben und Leichtigkeit kehrt ein. Uns mit dem persönlichen Ich zu identifizieren, ist wie eine Krankheit, die uns daran hindert, das Gesunde in uns zu entdecken.

Und obwohl es dieses persönliche Ich niemals gegeben hat, sind wir irgendwie darin verwickelt. Das beginnt schon bei der Geburt. Wenn wir zur Welt kommen, wird uns ein Name übergestülpt, mit dem wir uns erst nach ein paar Jahren identifizieren. Bis zu einem gewissen Alter sprechen wir aus einer neutralen Sichtweise heraus, das heißt, wir sagen zum Beispiel Hartwig hat Hunger oder Martha ist müde. Dann aber beginnen wir plötzlich, uns als »Ich« zu bezeichnen, und ab diesem Moment gehen wir davon aus, dass wir dieser Körper sind. Kleinkinder sind dem Tao wesentlich näher als Erwachsene. Es heißt nicht umsonst, »werdet wie die Kinder«, die unbescholten, ohne groß nachzudenken, freudig, voller Vertrauen, spontan und direkt durch das Leben gehen. In diesem Traum, der eigentlich von niemandem geträumt wird, erschafft der Träumende den Traum vom illusorischen Leben, der als real wahrgenommen wird.

Versuchen Sie, diese Worte nicht zu verstehen, sondern spüren Sie einfach mal hin. Legen Sie Ihr Denken zur Seite und hinterfragen Sie Ihre Existenz. »Was bin ich?« Es ist kein Analysieren, sondern ein inneres Erfassen, das nur über das tiefgründige Verständnis des Herzens verstanden werden kann. Der Mensch läuft bei dieser Frage Gefahr, sie mit dem Verstand beantworten zu wollen. Bewerten Sie das Denken nicht über, verstehen Sie es einfach als Werkzeug, das Ihnen dabei hilft, sich orientieren zu können. Es ist nicht mehr und nicht weniger. Sie sollten auf keinen Fall das tun, was Ihnen der Verstand als logische oder sichere Antwort liefert, denn er kann nur auf Erinnerungen zurückgreifen. Er kennt nur die Informationen, die in ihm abgespeichert sind. Nur Ihr Bewusstsein weiß alles und kennt alle Antworten bereits, bevor Sie eine Frage gestellt haben. Vertrauen Sie deshalb auf Ihre Wahrnehmung, die Sie ins Tao begleiten wird.

Das Bedürfnis Vollkommenheit erreichen zu wollen, ist in jedem verankert und alles andere als ein fernes Ziel. Es ist dir näher, als dir dein Körper ist, und für jeden jederzeit erreichbar. Erleben Sie sich doch in der Vollkommenheit des Tuns, indem Sie aus dem Tao heraus leben und handeln. Schließen Sie einfach einmal Ihre Augen und versuchen Sie, ganz still zu werden. Wenn Sie es geschafft haben, Gedanken ziehen zu lassen, dann öffnen Sie Ihre Augen und sehen Sie auf einen Punkt. Nun lassen Sie Ihre Wahrnehmung weit werden, und nehmen Sie alles wahr, was um Sie ist. Nicht nur über die Augen, einzeln und nacheinander, sondern durch Ihr Bewusstsein – vollumfänglich und gleichzeitig. Alles ist da, und das alles sind Sie, denn in allem versteckt sich das eine Bewusstsein, dass wir alles zu jederzeit gleichzeitig sind. Erleben Sie sich nun aus der Vollkommenheit des Seins, können Sie Ihren Alltag und Ihre Handlungen durch sich geschehen lassen. Damit wird Vollkommenheit zu einer Erfahrung, der Sie sich jederzeit hingeben können.

Tao ist Stille. Bewusstes Erleben von Stille führt sofort dorthin, wonach Sie immer schon gesucht haben. Und wenn Sie das nicht bewusst getan haben, dann war zumindest die Sehnsucht da. Es gibt keine Seele, die ein anderes Ziel verfolgt, als bei sich selbst anzukommen. Dies ist der Antrieb des Universums, der uns ständig dazu animiert, voranzuschreiten und nicht stehen zu bleiben. Wenn wir die Stille in uns vernehmen, sind wir wirklich angekommen und haben alles erreicht, was wir in diesem Leben erreichen können. Doch diese Stille hat nichts mit der äußeren Stille zu tun. Auch wenn es außen lärmig ist, bleibt die Stille da. Sie lässt sich nicht beirren, da sie ein natürlicher Zustand ist.

Wir sind diese Gottesunmittelbarkeit, weil sie unser Wesen ist. Es geht also nur um die Erinnerung und die Erkenntnis des Selbst. Es gibt unendlich viele Namen für das Höchste, das immer unbeschreiblich bleibt. Sein, Vollkommenheit, Bewusstsein, Gott, Tao, universelle Kraft … Sie sehen, auch ich stoße mit der Ausdrucksform an meine Grenzen. Wie sollen wir die universelle Kraft umschreiben? Wie sollen wir etwas benennen, was keinen Namen hat? Nur wir geben den Dingen Namen und wissen dabei gar nicht, was wir wirklich vor uns haben. Auch im zwischenmenschlichen Bereich haben wir Vorstellungen von einem Menschen und können nie wirklich wissen, wie er wirklich ist. Wir wissen weder, was er fühlt, noch, was er denkt. Wir machen unser Gegenüber zu dem, was wir ihm übergestülpt haben. Der andere entspricht unseren Bildern und Vorstellungen, doch wir sind nicht in der Lage, in ihn hineinzusehen. Und wenn er uns sagt, wie er sich fühlt oder wie er denkt, dann verbinden wir wieder nur unsere eigenen Meinungen und Erlebnisse damit. So entfernen wir uns von der wahren Identität des anderen. Deshalb sollten wir uns bemühen, den Mitmenschen und alle Dinge und Lebewesen, die uns begegnen, als Bewusstsein wahrzunehmen. Von Bewusstsein zu Bewusstsein und nicht von Kopf zu Kopf. Unsere Sprache ist für die materielle Welt bestimmt. Sie ist für die Verständigung geschaffen, damit wir eine Sache von der anderen unterscheiden und uns verständigen können. Es ist die Sprache einer dualen Welt, und die ist begrenzt. Jedes Wort kann sich nur innerhalb der Begrenzung bewegen und ausdrücken. Wie soll sie das Unbegrenzte und Grenzenlose beschreiben? Sie können mit einem Kugelschreiber ja auch nicht telefonieren oder mit einem Auto fliegen, außer vielleicht ein kurzes Stück.

Worte können wir hören, die Sprache des Herzens können wir nicht über die Sinne wahrnehmen. Kein Hilfsmittel
in der Materie wird das ermöglichen, aber über den Körper ist es uns möglich. Nicht mit ihm, aber über und durch
ihn können wir in tiefere Schichten des Seins vordringen,
um schlussendlich dort anzukommen, wo wir niemals weg-
gegangen sind. Wir waren immer schon das, was wir suchen, und werden es immer sein. Vergessen Sie nicht, dass
es keinen Sinn ergibt, etwas zu suchen, was längst schon ist.

Das Tao bleibt von allem unberührt. Es tut nichts, aber es
entsteht alles aus ihm. Alles irdische Wissen ist eine künst-
liche Intelligenz, eine Ansammlung von nutzlosem Wissen,
die erst dann zur Weisheit wird, wenn sie umgesetzt und
erfahren wird. Wer im Einklang mit dem Tao handelt, handelt weise. Das Tao führt Sie in die Erkenntnis und zu sich
selbst. Es ist das Eintreten in eine ganz neue Welt, die Ihrer
Seele altbekannt ist. Dort gelten nur geistige Gesetzmäßigkeiten und auf dieser Ebene werden Sie Ihre Aufgaben mit
Leichtigkeit erledigen. Dadurch erwerben Sie Zukunftskompetenz, sich dem Leben zu stellen und den Weg mit dem
Herzen zu gehen. Das höchste Bewusstsein, die Krönung
der Schöpfung als einziges Ziel aller Ziele, wartet nur darauf, entdeckt zu werden. Worauf warten Sie noch?

Bewusstsein als einzige Realität

Die Ursubstanz des Universums ist Bewusstsein und die Atome und Quanten der Materie sind ein Ausdruck davon. Materie ist grobstoffliche Schwingung, die sich manifestiert. Viele Menschen halten die Materie für das einzig Reale. Wäre das so, dann wären materielle Reichtümer die einzig sinnvolle Grundlage für ein glückliches Leben. Viele Menschen streben ja nach diesen Reichtümern, weil sie irrtümlich meinen, dass sie das glücklich machen wird. Sie bemerken zwar, dass sie sich ständig und abwechselnd in Höhen und Tiefen bewegen, hoffen aber, dass es über die Materie einen Weg gibt, in der Höhe zu bleiben. Wie oft kommt die Frage »Was kann ich tun, um immer in der Freude zu sein?«. Gute Frage! Der Mensch glaubt also, etwas tun zu sollen, um sich wohler zu fühlen – und genau da liegt das Problem. Es ist eine Täuschung zu glauben, dass das Leben immer nur wunderbar ist. Das ist es erst, wenn wir zu Bewusstsein gekommen sind. Vorher ist es durchzogen wie der Speck und unterliegt seinen Gesetzmäßigkeiten. Die duale Welt unterliegt diesen Schwankungen, und wo es ein Oben gibt, wird auch ein Unten folgen. Wenn also alles auf der Erde vergänglich ist, warum glauben wir daran, darin unsere Zufriedenheit zu finden? Zufriedenheit liegt in der Unvergänglichkeit, in der Essenz des Seins. Das Bewusstsein ist die Grundlage allen Seins und ist ungeboren, ursprungslos, nicht erschaffen, ungeformt und somit nicht manifestiert. Bewusstsein ist das einzige Ich, das es gibt, alles ist das Eine.

Das Wort Bewusstsein wird oft falsch verstanden, wir könnten es auch Licht, das wahre Ich, die universelle Kraft oder Göttlichkeit nennen. Das Verstandesbewusstsein steht für bewusstes Tun, und das *eine* Bewusstsein ist der unbewusste Teil, die Quelle allen Seins. Die scheinbare Trennung vom Bewusstsein – durch die Illusion der Welt und die Vielheit der Erscheinungen – lässt uns vergessen, dass in Wirklichkeit alles ganz und eins ist, ohne dabei selbst etwas zu sein. Der individualisierte Teil des Bewusstseins ist das Selbstbewusstsein, das sich auf einen Menschen bezieht. Das *eine* Bewusstsein aber ist außerhalb aller Erscheinungen und gleichzeitig ist es diese Erscheinung, weil es Erscheinungen überhaupt erst möglich macht.

Die größte Entdeckung, die wir machen können, ist uns als die *eine* Vollkommenheit zu erfahren. Wer in dieser Entdeckung lebt und aus ihr heraus wirkt, lebt in der absoluten Fülle. Er ist präsent und ganz da, die Bewegungen in der Welt sind ihm einerlei. Aus dem bewussten Sein heraus werden immer die passenden Entscheidungen getroffen, weil uns das Denken nicht mehr im Wege steht. Auch Meinungen und Urteile verblassen, Vorstellungen, Wünsche und Ideen fallen ab, alles wird universell. Begebenheiten stellen sich unserem Bewusstsein entsprechend ein und das

Leben wird sich in seiner Vollkommenheit spiegeln. Die unpersönliche Lebensabsicht wird sich ohne jeden Umweg erfüllen und es ergibt sich eine ganz neue Lebensqualität. Wir erleben uns in Ein-Klang mit unserem wahren Wesen und sind so, wie wir vom Leben gedacht sind.

Bewusstsein erwacht nicht von selbst, es ist die Folge Ihrer bewussten Entscheidung, das Leben an die zweite Stelle zu setzen. Erwachen beginnt damit, dass wir unsere Aufmerksamkeit auf das Wesentliche richten. Das ist der Schlüssel, um das Tor zum Bewusstsein zu öffnen, weil Sie Prioritäten setzen. Sobald wir uns als Bewusstsein erkennen, erfüllt es alle Zellen und der ganze Körper wird heil. Sie können körperlich, willentlich oder gedanklich nichts »tun«, um in dieses *eine* Bewusstsein einzutreten oder um Ihr Bewusstsein zu erhöhen. Es gibt keine Menschen mit höherem oder niedrigerem Bewusstsein, denn Bewusstsein ist das Einzige, was unveränderlich und beständig ist. Wenn man Menschen nach Ihrem Bewusstsein unterscheidet, ist das nur unsere Wahrnehmung. Wir sehen im anderen ja nur das, was wir wahrnehmen können, also was wir selbst sind. Erkennen wir jemanden als sehr wach, begegnen wir unserer eigenen Wachheit. Finden wir Menschen unbewusst, dann ist es nur unser eigenes Unbewusstsein, den Menschen zu bewerten und zeigt unsere Unzulänglichkeit auf, ihm neutral zu begegnen. Wenn Sie Ihre Aufmerksamkeit auf Ihr wahres Sein richten, beginnt unwiderruflich etwas Großes, das Bewusstsein beginnt damit, zu sich selbst zu erwachen. Sie werden sich Ihrer selbst, Ihres Selbst, Ihrer Identität bewusst, denn Bewusstsein ist immer wach und präsent. Je mehr Sie die Aufmerksamkeit auf Ihren Kern richten und darauf gerichtet halten, desto stärker werden Sie es spüren. Was ist zu tun? Wie richte ich meine Aufmerksamkeit nach innen? Indem ich Gedanken und Gefühlen, Handlungen und Taten keinen Raum mehr gebe, um sich entfalten zu können. Sie sind zwar da, bekommen aber keine Aufmerksamkeit mehr. Nach und nach richtet sich Ihr Geist dann automatisch in eine andere Richtung. Doch wie Sie wissen, denken wir den ganzen Tag, und wir bemerken es nicht einmal. Es ist nicht schlecht zu denken, Gedanken kommen und gehen, wir sollten aber nicht in ihnen verweilen!

Wer hört? Wer sieht? Wer spricht? Wer handelt? Wer erlebt das, was wir Welt nennen? Bin ich das wirklich selbst? Bewusstsein erwacht in der Gedankenstille und Bewegungslosigkeit. Erwachen bedeutet, mich ganz bewusst als den Schöpfer aller Lebensumstände zu erkennen und endlich zu sehen, wie ich von der Schöpfung gemeint bin.

Ebenfalls hilfreich auf dem Weg zu sich selbst ist, sich seine Atmung bewusst zu machen. Wenn wir die Aufmerksamkeit auf unser Atmen gerichtet halten, dann verändert sich die Aufmerksamkeit und somit das Bewusstsein. Es wird weit und verliert sich nicht in anderen unwichtigen Dingen, die uns durch den Kopf gehen oder uns beschäftigen. Lassen Sie Ihren Atem geschehen, indem Sie ihn beobachten. Verändern, steuern und bewerten Sie ihn nicht, sondern erleben Sie ihn über das Beobachten und fühlen Sie ihn ganz bewusst. Es ist ein ganz natürlicher Vorgang, dem Sie Raum geben, ohne dabei abzuschweifen. Das bewusste

Atmen hilft dabei, zentriert zu sein und in die Mitte zu rücken. Das Besondere am Atmen ist, dass es keine Form hat, genauso wie das Bewusstsein. Das Atmen fungiert als eine Brücke und führt unmittelbar in die innere Stille des Bewusstseins. Das Atmen ist eine gute Möglichkeit, sich das Jetzt bewusst zu machen, denn atmen können Sie nicht vorher oder nachher, es geschieht immer im Jetzt. Und dieses Jetzt ist der Augenblick und der einzige Ort, wo es sich lohnt, sich aufzuhalten und zu verweilen. Das tägliche »bewusste Sein« erfüllt sich über den Augenblick, und wer die Aufmerksamkeit auf die Atmung richtet, befindet sich auf dem Weg zur wahren Identität.

Es geht darum, unser ganzes Wissen umzusetzen und es zu leben. Zuerst sollten wir unser Wissen erinnern und dann erfahren und anwenden. Leben wir das, was wir gut finden, denn etwas nur gut zu finden, reicht nicht aus, um ein Ergebnis zu erzielen. Spiritualität geschieht während unseres Tagesablaufs, nicht danach und nicht davor, sondern währenddessen. Sie ist allgegenwärtig und in jedem Augenblick. Deshalb wird sie praxisbezogen und lebensnah gelebt oder sie wird abwesend bleiben.

Sich als Bewusstsein erfahren

Die Realität hat keine Geheimnisse vor Ihnen, da die wahre Realität in allem, überall und gleichzeitig vorhanden und somit auch einsehbar ist. Die wahre Realität ist für jeden allumfassend wahrnehmbar, wenn er sich dafür öffnet. Was ist die wahre Realität? Sie ist das, was Sie ursprünglich sind, das Energiefeld, das Ihren Körper bewegt, atmet und lebt. Ihre individuelle, persönliche Realität dagegen ist voller Geheimnisse und komplett undurchsichtig. Diese Realität gibt es so oft, wie es Menschen gibt, das heißt über sieben Milliarden Mal. Jeder Mensch glaubt, seine Realität sei die »richtige«. Er sieht die Welt mit seinen Augen und erkennt nicht, dass er diese Welt nur durch Gedanken und Vorstellungen erschafft. Programme, Muster, Verhaltensweisen, Erinnerungen, Meinungen und vieles mehr prägen seine begrenzte Sicht, die sich ausschließlich innerhalb der dualen Welt bewegt. Aus diesem Grund gibt es neben Ihnen keinen zweiten Menschen, der die Welt so sieht, wie Sie sie sehen. Ihre Sichtweise ist einzigartig und trotzdem ist sie »falsch«. Sie sehen nur das, was an der Oberfläche ist bzw. »erscheint«, das Bewusstsein hingegen bleibt Ihnen verborgen. Wie aber können Sie Bewusstsein sehen oder erfahren? Der Mensch kann es über die Sinne weder sehen noch erkennen. Er kann sich nur über das Bewusstsein als Bewusstsein erfahren. Das heißt, nur das Bewusstsein kann sich im Bewusstsein erkennen, dem verstandesorientierten Menschen wird es nicht möglich sein. Jetzt liegt das Hauptproblem darin, dass alles, was Sie aufschnappen und umsetzen wollen, innerhalb der Begrenzung liegt und Sie dem Glauben verfallen sind, als Mensch etwas tun zu »müssen«. Es gibt weder ein »Muss« noch gibt es etwas zu tun, denn Bewusstsein erfährt sich im Nichttun, in der Grenzenlosigkeit des Bewusstseinsfeldes außerhalb des Erfahrungsfeldes Erde.

Es ist also an der Zeit, andere Werkzeuge zu nutzen, wie Sie es bisher gewohnt sind, und auf Ihr Werkzeug Verstand zu verzichten und auf das Werkzeug Intuition zurückzugreifen. Richten Sie Ihr geistiges Auge nach innen, bleiben Sie dort und gehen Sie in die Position des Beobachters. Irgendwann beobachten Sie sich dann selbst, wie Sie Ihre Mahlzeit zu sich nehmen oder spazieren gehen. Es verschiebt sich lediglich die Wahrnehmung, alles andere sieht unverändert aus und bleibt, wie es ist. Ihr Umfeld bemerkt nur Ihre besondere Ausstrahlung, wird aber keinerlei Veränderung wahrnehmen können. Auch Ihr Leben bleibt Ihr Leben und es wird keine gravierenden Veränderungen geben und doch ist etwas Einzigartiges passiert: Sie erleben die Welt aus sich selbst heraus und nicht mehr über die Sinne.

Das einzige Existierende ist das Bewusstsein, alles andere ist nichts weiter als eine Illusion, die sich vorübergehend in Ihrer Sinneswahrnehmung eingenistet hat. Es ist eine Art »Spiel«, das das Bewusstsein mit sich selbst spielt. Sie sind die Spielfigur und glauben, dass es nur dieses Spiel gibt. Doch es gibt unzählige Spiele und nur eine Grundlage, die alle Spiele steuert und lenkt. Diese Grundlage ist das Bewusstsein, welches durch bewusstes Sein erfahren werden kann. Sobald Sie Ihre Spielfigur als individuelle Realität und somit als vergängliche Erfahrung durchschaut haben, verändert sich auch der Bezug zu der Welt. Auch Ihr Körper wird zur Nebensache und wird nicht mehr an erster Stelle stehen. Verstand und Ego sind zwar immer noch da, aber Sie haben eine ruhende Position eingenommen, weil Sie sich nicht mehr ausschließlich darüber definieren.

Bewusstsein ist das Absolute, der Urgrund des Seins und das Ziel der Evolution. Es wirkt und erfährt sich durch alles, weil es in allem ist. Evolution ist ein Bewusstwerdungsprozess, wobei sich das Sein als sich selbst erfährt. Zu Beginn war das ewige Sein. Es war immer schon und wird immer sein, doch es kann sich über sich selbst nicht erfahren. Es benötigt einen Körper, ein Erfahrungsinstrument, um sich darüber selbst zu entdecken. Ohne Körper ist das Erwachen der höchsten Intelligenz also gar nicht möglich. Da es sich selbst nicht bewusst sein kann, treten Sie in Aktion. Sie stellen sich zur Verfügung, damit diese Erfahrung stattfinden kann, und das ist auch Ihr Lebensplan. Es ist der einzige Plan, der in Ihnen schlummert, alle anderen Pläne sind zweitrangig. Bei uns allen steht aber oft etwas anderes an erster Stelle und hier sollten wir unsere Zielsetzung überprüfen. Wie sollen wir in die Zukunft gehen? Wollen wir uns unserer Aufgabe stellen oder weiterhin die Zeit mit Dingen vergeuden, die nur vorübergehend sind? Sie mögen uns

zwar für einen Augenblick oder etwas länger Freude bereiten, doch wer will schon Freude, die nicht bleiben wird?
Oder haben Sie Freude mit einem Geschenk, das man Ihnen
wieder wegnehmen wird? Wollen Sie es nicht lieber behalten? Wollen Sie für einige Zeit Freude empfinden, oder wollen Sie für immer Freude sein? Wollen Sie unabhängig von
dem, was passiert, glücklich sein oder möchten Sie sich weiterhin in den Talfahrten des Lebens verlieren? Das mag für
eine gewisse Zeit ganz aufregend und spannend sein, aber
irgendwann merken Sie, dass Sie in keiner Sache der Welt
Erfüllung gefunden haben. Und dann beginnen Sie damit,
nach dem wahren Glück Ausschau zu halten – der Weg der
Umkehr beginnt. Klingt es nicht verlockend, sich dieser Aufgabe zu stellen und zu dem zu erwachen, was Sie in Wirklichkeit sind? Oder wollen Sie weiterhin Ihre Zeit vertrö-
deln und so tun, als ob Sie der Evolutionsprozess gar nichts
angehen würde?

Das Bewusstwerden der eigenen Vollkommenheit ist das
Abenteuer Leben. Und dieser Prozess, der nur einen Augenblick oder unzählige Leben lang dauern kann, ist immer
das, was uns vorantreibt im so bewegten Lebensstrom. Dieser Drang bewegt uns dazu, uns auf die Suche zu machen,
und obwohl die Suche unsinnig ist (da wir uns ja nie wirklich verloren haben), ist sie notwendig. Wir beginnen mit
dem Kopf zu suchen, und wenn wir mit diesem Hilfsmittel
nichts finden, werden wir durch schmerzvolle Erfahrungen
dazu getrieben, es mit dem Herzen zu tun. Mit dem Herzen alleine wird es uns auch nicht gelingen, aber das Herz
ist der Eingang zur Seele, und wer sich dem Herzen zuwen-

det, nähert sich der Seele an. Wir beginnen mit Büchern über das positive Denken oder mit Kartenlegen, mit Seminaren oder Kursen, ganz gleich, was es ist, es ist eine Treppe auf dem Weg zu uns selbst. Es gibt nichts, was nicht richtig ist oder was wir falsch machen können, weil jede Erfahrung wertvoll ist. Ob sie ein anderer nun für unsinnig erklärt oder sinnlos findet, für jeden ist jede seiner Erfahrungen notwendig, wertvoll und ein Wegweiser mehr, der ihn Richtung Bewusstsein führt. Manche Dinge führen uns vielleicht etwas weg, wir machen Umwege und schweifen aus. Aber im Labyrinth des Lebens können wir uns nicht verirren, wir können nur vorübergehend stecken bleiben. Irgendwann kehren wir um und gehen wieder weiter. Es ist ganz gleich, wie lange das dauert, denn wir haben alle Zeit der Welt. Es geht nichts verloren und das, was wir wirklich sind, ist immer da. Es hat viel Geduld und eines Tages werden wir es alle erkennen und die Welt wird als Spielplatz überflüssig sein.

Beginnen Sie damit, sich selbst zu beobachten, indem Sie sich zentrieren und nach innen gehen. Nehmen Sie sich in allem wahr und Sie werden sich schon bald bei all Ihren Tätigkeiten zuschauen. Es geschieht ganz von selbst, wenn Sie es nicht erzwingen oder wollen. Verinnerlichen Sie erstmals, dass es ein ganz natürlicher Prozess ist, das Leben als Bewusstsein zu erleben. Das Leben aus einer persönlichen Sichtweise als Körper zu bestreiten, ist etwas komplett Verfälschtes und von Grund auf unnatürlich. Weil Sie es so gewohnt sind und immer schon tun, erscheint es für Sie normal, doch es entspricht nicht Ihrem Wesenszug. Natürlich haben Sie einen Körper und sind auch Mensch. Das soll sich auch gar nicht ändern. Es geht nur um die Ebene, aus der heraus das Leben entweder gezielt gesteuert und gestaltet oder unbewusst bewirkt wird. Die eine Ebene ist mit Höhen und Tiefen, Anstrengung und Kummer versehen. Die andere Ebene, die die Grundlage der ersten Ebene ist, geschieht in vollkommener Leichtigkeit – sie ist unverfälscht und von Bindungen und Anhaftungen befreit. Entscheiden Sie sich jetzt für den leichteren Weg und Ihre Entscheidung ist mit keinerlei Handlungen verknüpft. Was zählt, ist Ihre aufrichtige Wahl, den lichtvollen Weg zu gehen. Wenn Sie diese Wahl getroffen haben, dann bekommt das Leben eine Eigendynamik und Sie werden geführt. Wählen Sie den anstrengenden Weg, dann haben Sie die Hand Ihrer liebevollen Helfer losgelassen, die Fäuste geballt und beschlossen, sich mit Kopf und Ego durchzukämpfen. Dieser Weg ist hart und wird Sie nicht wirklich glücklich machen.

Der leichte Weg des Erwachens sieht anders aus, weil Sie vom Leben getragen anstatt gestoßen werden. Das Paradies wartet auf Sie! Angst, Kummer und Sorgen existieren nur in diesem scheinbaren und vorübergehenden Spiel, das unreal und nur erfahrungsbezogen ist. Der Körper, den Ihr Bewusstsein nutzt, lebt physisch in dieser Welt, doch Sie als wahres Sein haben Ihr Zuhause woanders. Sie haben es vergessen, deswegen ist es an der Zeit, dies wieder zu erinnern und diese Erinnerung zur einzigen Lebensaufgabe zu machen. Beginnen Sie gleich beim morgendlichen Aufwachen damit, achtsam zu sein. Erleben Sie alles bewusst und treffen Sie jeden Tag die Entscheidung, den leichteren Weg zu gehen. Der erste Gedanke frühmorgens sollte liebevoll sein sowie der letzte auch der universellen Einheit gelten sollte. Sie werden sehen, wie sich dadurch Ihr Leben verändern wird und wie bereichernd und erfüllend sich dies auf Ihr Wohlbefinden auswirken wird. Versuchen Sie nicht, Gedanken zu vertreiben, sondern lassen Sie sie einfach zu. Sie kommen und gehen, doch kümmern Sie sich nicht darum. Beobachten Sie, was sich den Tag hindurch in Ihrem Kopf abspielt, ohne sich damit zu identifizieren. Das ist eine Lebensaufgabe an sich und ein Lebensmotto, das Sie jeden Tag wieder neu erwählen sollten: »Ich lasse Gedanken und alles so sein, wie es ist, indem ich meine Aufmerksamkeit woandershin lenke.« Am besten lenken Sie sie immer wieder nach innen, denn dort ist der Schlüssel für eine erfüllte Zukunft.

Nachwort: Die Zukunft ist jetzt

Die Zukunft ist nicht morgen. Zukunft findet in diesem Augenblick statt, weil Sie sie genau in diesem Moment formen. Das, was Sie Zukunft nennen, ist nichts anderes als ein Abdruck Ihrer jetzigen Gedanken und Gefühle, Ihrer Taten und Ihres Soseins. Deshalb ist es wichtig, jetzt stimmig zu leben und sich nicht vorzunehmen, es irgendwann zu tun. Ein Irgendwann existiert nicht, denn es ist immer nur jetzt. Alles beginnt in der Vollendung und alles endet dort, auch wenn so etwas wie Beginn und Ende nur in unserer Vorstellung existieren. Was genau unser Schöpfungsauftrag ist, wissen wir vielleicht, aber wann beginnen wir damit, ihn zu leben? Es geht darum, unser Potenzial der Vollkommenheit wieder zu erwecken und aus dem Traum zu erwachen, der uns vorgaukelt, wach zu sein. Beginnen wir damit, unsere natürliche Vollkommenheit zu leben und unsere wahre Identität als die einzig wahre anzuerkennen. Um unseren Auftrag und unser Dasein wirklich zu meistern, ist es unsere Aufgabe, zukunftskompetent zu sein und praxisorientiert zu leben. Nutzen wir die Macht der energetischen Signatur und die schöpferische Imagination auf dem Weg so lange, wie wir uns noch mit dem persönlichen

Ich identifizieren. Fällt es weg, werden diese Hilfestellungen nicht mehr notwendig sein.

Wenn es nichts außer Bewusstsein gibt und dieses Bewusstsein göttlichen Ursprungs ist, dann kann alles, was existiert, nur ein Abglanz dieser Vollkommenheit sein. Nur als erkanntes Selbst und als vollkommener Ausdruck des Seins wird das, was wir sind, in sich selbst zurückfließen können. Wir alle tragen die Vollendung in uns und den Weg dorthin können wir Evolution nennen. Diese Entwicklung geschieht aber nur durch die seelischen Einsichten, denn ein Mensch kann sich nicht entwickeln. Die Seele kann sich über den Menschen zu sich selbst hin entwickeln, und eigentlich war sie immer schon das, was sie immer sein wird: der göttliche Ursprung. So wie im Samen die fertige Blume bereits enthalten ist, so ist das Bewusstsein, das uns steuert und lenkt, unser ebenbildliches Sein. Ob wir die Geburt zum kosmischen Menschen nun willentlich oder unbewusst steuern: Sobald wir von der universellen Quelle ausgegangen sind, befinden wir uns auf der Reise in diesen Ursprung zurück. Dieser Ursprung ist zeitlos und ewig und ist jenseits der Welt angesiedelt. Diese geistige Geburt haben wir schon zur Genüge verzögert und ignoriert, und nur aus diesem Grund geraten wir in Situationen, die uns missfallen und die wir als Problem bezeichnen. Die aus der Verhinderung entstandenen Probleme werden immer unangenehmer und schmerzvoller, wenn wir uns nicht endlich unserer Aufgabe stellen. Es wird immer verstrickter, wenn wir nicht endlich durchschauen, was oder wer wir in Wirklichkeit sind. Wir brauchen also nicht die Welt zu retten, zu verbessern oder zu verändern, sondern wir sollten mit und in uns starten, denn dort entsteht das, was wir als Welt bezeichnen. Versuchen wir also nicht über das Außen unseren Plan zu erfüllen, sondern wenden wir uns unserem Herzen, das das Tor zur Stille des Seins ist, zu. Was zählt, ist unsere Ausrichtung, die ständig abseits der Welt ruhen soll. Der Mensch kann ein ganz »normales« Leben führen, aber gedanklich und emotional sollte er sich auf seine Mitte zentrieren. Wer innen unbewegt ist, bewegt Welten.

Das bewusste Erleben der Stille wird uns unmittelbar an den Ort führen, den wir uns immer schon ersehnten. Eigentlich gibt es keinen Weg zu diesem Ort, der in Wirklichkeit auch kein Ort ist. Ich nenne es so, um es zu beschreiben, doch die *eine* Wahrheit ist unbeschreiblich und man kann sie nicht benennen. Wie soll es aus der Materie einen Weg in die Nicht-Materie geben? Wie will der Mensch das Universum begreifen, da er doch nur dessen Werkzeug ist? Wie will der Mensch überhaupt etwas erfassen, wo er sich doch nicht einmal seiner Identität bewusst ist? Wir sollten also als Erstes herausfinden, was wir sind. Erst wenn wir das verinnerlicht haben, beginnt die Annäherung an das Vollkommene. Unsere Aufgabe ist es nicht, die Abläufe des Universums zu verstehen, auch wenn wir anfangs den Verstand benutzen, um uns dem anzunähern. Es bleibt einzig und allein unserer Seele vorbehalten, die universelle Kraft zu fühlen und sich in ihr wiederzuentdecken. Wir alle sind Wesen einer höheren Intelligenz, die ihre individuelle Realität in jedem Augenblick neu erschaffen, weil wir Schöpfer sind. Menschsein ist etwas Wunderbares, so wie es das

Leben ist. Wir haben ein einzigartiges Geschenk erhalten, nämlich in dieser Zeitenwende des Aufstiegs »mitspielen zu dürfen«, um eine faszinierende Erfahrung zu machen. Wir sind nicht das Opfer, sondern der tatkräftige Mitgestalter dieser einzigartigen Welt. Wir können jederzeit in die Vollkommenheit eintreten und uns als liebevolle Präsenz des Seins erleben. Wir sind Botschafter der Vollkommenheit und mehr kann man nicht sein. Der Botschafter übernimmt die wunderbare Aufgabe, diese Vollkommenheit in das Hier und Jetzt zu transportieren. Wenn wir von einem zum anderen Augenblick zu Bewusstsein kommen, beginnen wir ein neues Leben, das sich vom jetzigen zwar äußerlich nicht unterscheiden mag, aber vollkommen anders sein wird.

In die Gottesunmittelbarkeit unseres wahren Wesens können wir wortwörtlich gesehen gar nicht eintreten, da wir niemals ausgetreten sind. Wir träumen nur den Traum vom Ausgetretensein, der uns ein Getrenntsein vorspielt. Alles ist eins, und es ist unsere wahre Natur, unvergängliches Bewusstsein zu sein. Wie aber wollen wir die Zukunft meistern, wenn wir uns dessen gar nicht bewusst sind? Schauen wir also etwas genauer hin und durchleuchten wir die Dinge, damit wir auch noch in Zukunft freudvoll, erfolgreich und voller Vertrauen durchs Leben gehen können. Ich wünsche Ihnen das Beste für gutes Gelingen, Durchhaltevermögen und Geduld. Sie werden es brauchen!

Eine erfüllende Zukunft wünscht Ihnen

Ihr Kurt Tepperwein

Hugendubel.de

QUITTUNG

Tepperwein, Kurt
Die Zukunft beginnt jetzt

978-3-453-70216-5	8,99	1

Total: 1   **8,99 EUR**

Bar:	20,00 EUR
Zurück:	11,01 EUR

Typ	MWSt	Netto	Brutto
1: 7,00%	0,59	8,40	8,99

Steuernummer: 147/241/10089
25.02.2013 18:16:34   709-1-2538
111

Vielen Dank für Ihren Einkauf!

Kartenfolgenummer, Datum, Uhrzeit, Zahlungsbetrag, Terminalkennung, Ort, Unternehmen und Filiale) werden zur Kartenprüfung und Zahlungsabwicklung an easycash weitergegeben. An easycash wird ferner gemeldet, wenn eine Lastschrift nicht eingelöst wurde (Rücklastschrift). Wenn Sie im Zusammenhang mit einem Widerruf einer Lastschrift erklärtermaßen Rechte aus dem zugrundeliegenden Geschäft (z.B. wegen eines Sachmangels bei einem Kauf) geltend gemacht haben, wird die Meldung umgehend gelöscht.

Zudem werden die Zahlungsdaten **zur Verhinderung von Kartenmissbrauch** und gemeinsam mit den Rücklastschriftdaten **zur Begrenzung des Risikos von Zahlungsausfällen** gespeichert und genutzt. easycash erteilt insoweit auch an andere Händler, die in ihrem System angeschlossen sind, Empfehlungen, ob eine Zahlung mit girocard und Unterschrift akzeptiert werden kann.

Soweit eine Zahlung mit girocard und Unterschrift nicht akzeptiert wird, besteht die Möglichkeit, eine positive Autorisierung durch das kartenausgebende Kreditinstitut vorausgesetzt, mittels Eingabe der PIN die Zahlung bargeldlos vorzunehmen.

Ich ermächtige
das oben / umseitig genannte *Unternehmen* sowie die easycash GmbH, Am Gierath 20, 40885 Ratingen („easycash"), den heute fälligen, umseitigen Betrag von meinem Konto per Lastschrift einzuziehen.

Ich weise mein Kreditinstitut unwiderruflich an,
bei Nichteinlösung der Lastschrift dem *Unternehmen* sowie easycash auf Anforderung meinen Namen und meine Anschrift zur Geltendmachung der Forderung mitzuteilen.

(Unterschrift)   www.easycash.de

Datenschutzrechtliche Information
Meine Zahlungsdaten (Kontonummer, Bankleitzahl, Kartenverfallsdatum, Kartenfolgenummer, Datum, Uhrzeit, Zahlungsbetrag, Terminalkennung, Ort, Unternehmen und Filiale) werden zur Kartenprüfung und Zahlungsabwicklung an easycash weitergegeben. An easycash wird ferner gemeldet, wenn eine Lastschrift nicht eingelöst wurde (Rücklastschrift). Wenn Sie im Zusammenhang mit einem Widerruf einer Lastschrift erklärtermaßen Rechte aus dem zugrundeliegenden Geschäft (z.B. wegen eines Sachmangels bei einem Kauf) geltend gemacht haben, wird die Meldung umgehend gelöscht.

Zudem werden die Zahlungsdaten **zur Verhinderung von Kartenmissbrauch** und gemeinsam mit den Rücklastschriftdaten **zur Begrenzung des Risikos von Zahlungsausfällen** gespeichert und genutzt. easycash erteilt insoweit auch an andere Händler, die in ihrem System angeschlossen sind, Empfehlungen, ob eine Zahlung mit girocard und Unterschrift akzeptiert werden kann.

Soweit eine Zahlung mit girocard und Unterschrift nicht akzeptiert wird, besteht die Möglichkeit, eine positive Autorisierung durch das kartenausgebende Kreditinstitut vorausgesetzt, mittels Eingabe der PIN die Zahlung bargeldlos vorzunehmen.

Ich ermächtige
das oben / umseitig genannte *Unternehmen* sowie die easycash GmbH, Am Gierath 20, 40885 Ratingen („easycash"), den heute fälligen, umseitigen Betrag von meinem Konto per Lastschrift einzuziehen.

Ich weise mein Kreditinstitut unwiderruflich an,
bei Nichteinlösung der Lastschrift dem *Unternehmen* sowie easycash auf Anforderung meinen Namen und meine Anschrift zur Geltendmachung der Forderung mitzuteilen.

(Unterschrift)   www.easycash.de

Datenschutzrechtliche Information
Meine Zahlungsdaten (Kontonummer, Bankleitzahl, Kartenverfallsdatum, Kartenfolgenummer, Datum, Uhrzeit, Zahlungsbetrag, Terminalkennung, Ort, Unternehmen und Filiale) werden zur Kartenprüfung und Zahlungsabwicklung an easycash weitergegeben. An easycash wird ferner gemeldet, wenn eine Lastschrift nicht eingelöst wurde (Rücklastschrift). Wenn Sie im Zusammenhang mit einem Widerruf einer Lastschrift erklärtermaßen Rechte aus dem zugrundeliegenden Geschäft (z.B. wegen eines Sachmangels bei einem Kauf) geltend gemacht haben, wird die Meldung umgehend gelöscht.

Zudem werden die Zahlungsdaten **zur Verhinderung von Kartenmissbrauch** und gemeinsam mit den Rücklastschriftdaten **zur Begrenzung des Risikos von**

Weitere Werke von Kurt Tepperwein

Der mentale Lebenskompass

256 Seiten
978-3-453-70170-0

Sich öffnen für das Leben

240 Seiten
978-3-453-70200-4

Gelebte Achtsamkeit

208 Seiten
978-3-453-70129-8

Wirksam beten

160 Seiten
978-3-453-70151-9